EL NOBLE ÓCTUPLE SENDERO

EL NOBLE
ÓCTUPLE SENDERO

El camino hacia el fin del sufrimiento

Bhikkhu Bodhi

Traducción al español:
Ricardo Szwarcer y Miguel A. Romero

Pariyatti Press

Pariyatti Press
una imprenta de
Editorial Pariyatti
www.pariyatti.org

Publicado con el consentimiento del editor original.
Primera edición en inglés de BPS, 1984
Primera edición de inglés de BPS Pariyatti Editions, 2000
Primera edición de español, 2025

ISBN: 978-1-68172-829-2 (rústica)
ISBN: 978-1-68172-830-8 (ePub)
ISBN: 978-1-68172-831-5 (Mobi)
ISBN: 978-1-68172-832-2 (PDF)

Contenido

Acerca del autor

Bhikkhu Bodhi es un monje budista estadounidense, nacido y criado en la ciudad de Nueva York. Ordenado como bhikkhu en Sri Lanka en 1972, vivió en Sri Lanka durante más de veinte años, donde fue presidente y editor de la Sociedad de Publicaciones Budistas (BPS). Ahora reside en el Monasterio de Bodhi, en una zona rural de Nueva Jersey. Es cotraductor de *Los Discursos Medios del Buda* (Majjhima Nikāya) y traductor de *Los Discursos Conectados del Buda* (Samyutta Nikāya). Su obra más reciente es *Noble Truths, Noble Path* (*Nobles verdades, noble camino*).

Prefacio

La esencia de las enseñanzas del Buda puede resumirse en dos principios: las Cuatro Nobles Verdades y el Noble Óctuple Sendero. El primero cubre el aspecto doctrinal, y la principal respuesta que suscita es el entendimiento o la comprensión; el segundo abarca el aspecto de la disciplina, en el sentido más amplio de la palabra, y la respuesta que requiere es la práctica.

En la estructura de las enseñanzas estos dos principios se entrelazan en una unidad indivisible llamada el *dhamma-vinaya*: la doctrina y disciplina, o, en términos más breves, el *Dhamma*. La unidad interna del *Dhamma* está garantizada por el hecho de que la última de las Cuatro Nobles Verdades —la verdad de la vía— es el Noble Óctuple Sendero, mientras que el primer factor del Noble Óctuple Sendero —la comprensión correcta— es la comprensión de las Cuatro Nobles Verdades. De ese modo los dos principios se complementan e incluyen mutuamente: la fórmula de las Cuatro Nobles Verdades contiene al Óctuple Sendero, y el Noble Óctuple Sendero contiene a las Cuatro Nobles Verdades.

Dada esta unidad integral, no tendría sentido preguntarse cuál de los dos aspectos del *Dhamma* tiene mayor valor: la doctrina o el camino. Sin embargo, si quisiéramos desafiar el sinsentido de formular esa pregunta, la respuesta sería, necesariamente, el camino [o vía de liberación].

El camino reclama esa primacía porque es precisamente lo que da vida a las enseñanzas. Transforma el *Dhamma* de una colección de fórmulas abstractas en un continuo despliegue de la revelación de la verdad. Proporciona una solución al problema del sufrimiento, con lo cual comienzan las enseñanzas, y hace que la liberación de dicho sufrimiento —la meta de las enseñanzas— sea accesible a nosotros en nuestra propia experiencia que es, en última instancia, donde cobra un auténtico significado.

Seguir el Noble Óctuple Sendero es una cuestión de práctica más que de conocimiento intelectual, pero para aplicar el camino correctamente, debe ser comprendido con propiedad. De hecho, la correcta comprensión de la vía es, en sí misma, una parte de la práctica. Es una faceta de la comprensión correcta, el primer factor del sendero, el precursor y guía para el resto del sendero.

Entonces, aunque el entusiasmo inicial pueda sugerir que la tarea de comprenderlo intelectualmente podría ser descartada como una distracción molesta, una consideración madura revela que dicha comprensión es esencial para tener éxito en la práctica.

El presente libro apunta a contribuir a una comprensión apropiada del Noble Óctuple Sendero a través de la investigación de sus ocho factores y sus componentes, a fin de determinar exactamente lo que implican. He tratado de ser conciso, usando como marco de la exposición las propias palabras del Buda en su explicación de los factores del sendero, tal como se encuentran en el *Sutta Piṭaka* del canon pāli.

Para ayudar al lector con un acceso limitado a las fuentes primarias, incluso en traducción, he tratado de limitar mi selección de citas tanto como fuese posible (aunque no por completo) a aquellas que se encuentran en la antología clásica del venerable Nyanatiloka, *La Palabra del Buda*. En algunos casos, los pasajes tomados de ese trabajo han sido ligeramente modificados para adaptarlos a mis versiones preferidas.

Para ampliar más el significado, a veces recurrí a los comentarios, especialmente en mis consideraciones sobre concentración y sabiduría (Capítulos VII y VIII), y dependí fuertemente del *Visuddhimagga* (*El Camino de la Purificación*), un vasto trabajo enciclopédico que sistematiza la práctica del camino de una manera detallada y exhaustiva.

Las limitaciones de espacio impiden un tratamiento exhaustivo de cada factor. Para compensar esta deficiencia, he incluido una lista de lecturas recomendadas al final, que el lector puede consultar para tener explicaciones más detalladas de los factores individuales del sendero.

Sin embargo, para una práctica comprometida del sendero, especialmente en sus estadios avanzados de concentración y conocimiento directo, será de gran ayuda establecer contacto con un maestro adecuadamente calificado.

Bhikkhu Bodhi

Agradecimientos

Los traductores agradecen a Parityatti, bajo la dirección de Brihas Sarathy, por la oportunidad de contribuir a la difusión de la enseñanza del Buda a través de esta magnífica obra escrita por el venerable Bhikkhu Bodhi, a quien también agradecemos profundamente por su legado de enseñanzas, textos y traducciones.

Nuestra gratitud y aprecio va también al editor Steve Hanlon por su gran ayuda en la coordinación de esfuerzos para llevar a buen destino la publicación de la presente traducción.

Ricardo Szwarcer y Miguel A. Romero

Notas de los traductores

En la presente traducción de la obra de Bhikkhu Bodhi se ha adoptado un enfoque que privilegia la claridad y la accesibilidad del mensaje, con el propósito de hacerlo comprensible al mayor número posible de lectores. Por esta razón, los traductores han optado por utilizar expresiones sencillas para diversos términos técnicos. Si bien el pāli es la lengua original en la que se preservaron las enseñanzas de la que se deriva esta obra, y, aunque su terminología doctrinal ofrece una notable precisión, se ha evitado mantener un exceso de términos sin traducir, ya que ello podría dificultar la comprensión para quienes no están familiarizados con el vocabulario técnico del pāli. Considerando que actualmente existe una vasta literatura académica especializada al alcance del lector interesado, se ha preferido mantener una línea de traducción que ofrezca las mejores equivalencias posibles en un lenguaje claro y accesible.

Un ejemplo ilustrativo de las dificultades encontradas para llevar a cabo esta traducción es el vocablo pāli *mettā*, cuya traducción a cualquier idioma plantea un desafío considerable para transmitir con fidelidad el profundo y auténtico significado de esta morada sublime. En lengua española existen actualmente diversas alternativas, entre ellas: amor benevolente, amor incondicional, bondad, bondad amorosa, benevolencia, benevolencia amorosa, amistad amorosa y amistad benevolente, entre otras.

No obstante que en la presente obra se ha optado por la expresión "benevolencia amorosa", reconocemos que este término no logra expresar plenamente la riqueza semántica de *mettā*.

Una situación análoga ocurre con el término *dukkha* —aquí traducido como "sufrimiento"—, un concepto cardinal en la enseñanza del Buda, cuyas traducciones abarcan un espectro que va desde "estrés" hasta "insatisfacción", "oposición", "limitación", entre otras posibilidades.

En cuanto al término *sammādiṭṭhi*, que designa el primer factor del Noble Óctuple Sendero, se ha decidido traducirlo como "comprensión correcta". Sin embargo, también en este caso existen variantes adoptadas por otros traductores, tales como "entendimiento correcto", "noción correcta" o "visión correcta".

Dado el carácter técnico de muchos de estos términos, los traductores recomiendan a los lectores interesados consultar los diccionarios y textos en pāli, a fin de profundizar en el estudio de las enseñanzas legadas por el Buda.

Abreviaturas

Las referencias textuales fueron abreviadas como sigue:

DN = Dīgha Nikāya (número de sutta)
MN = Majjhima Nikāya (número de sutta)
SN = Samyutta Nikāya (capítulo y número de sutta)
AN = Anguttara Nikāya (colección numérica y número de sutta)
Dhp = Dhammapada (verso)
Vism = Visuddhimagga

Las referencias al Vism., son al capítulo y número de sección de la traducción de Bhikkhu Ñāṇamoli, *The Path of Purification* (BSP ed. 1975, 1991, 1999; BPE ed. 1999).

I

El camino hacia el fin del sufrimiento

La búsqueda de un camino espiritual nace a partir del sufrimiento. No comienza con luces y éxtasis, sino con los duros golpes del dolor, la decepción y la confusión. No obstante, para que el sufrimiento pueda generar una genuina búsqueda espiritual, debe equivaler a algo más que una recepción pasiva de influencias externas. Tiene que desencadenar una realización interior, una percepción que traspase la complacencia fácil de nuestro encuentro habitual con el mundo, permitiéndonos entrever la perpetua inseguridad que, como una grieta, se abre bajo nuestros pies.

Cuando esta intuición aparece, aun momentáneamente, puede precipitar una profunda crisis personal. Transforma nuestros objetivos y valores habituales, se burla de nuestras preocupaciones cotidianas y nos deja persistentemente insatisfechos con nuestros viejos placeres.

Al comienzo esos cambios no son generalmente bienvenidos. Tratamos de negar nuestra visión y suavizar nuestras dudas; luchamos por alejar el descontento con nuevas búsquedas. Pero la llama de la investigación, una vez encendida, continúa quemando, y si no nos dejamos llevar por ajustes superficiales ni regresamos derrotados a una versión remendada de nuestro optimismo natural, eventualmente el destello inicial de la intuición se reavivará y nos confrontará con nuestro problema esencial.

Es precisamente en ese punto, cuando todas las rutas de escape están bloqueadas, que estamos preparados para buscar un camino que ponga fin a nuestra inquietud. Ya no podremos seguir a la deriva en forma complaciente por la vida, empujados ciegamente por nuestra hambre de placeres sensoriales y por la presión predominante de las normas sociales.

Una realidad más profunda nos atrae; hemos escuchado el llamado de una felicidad más estable, más auténtica, y hasta que no lleguemos a nuestro destino, no podremos reposar contentos. Pero es justo entonces que nos encontramos ante una nueva dificultad. Una vez que reconocemos la necesidad de un sendero espiritual, descubrimos que las enseñanzas espirituales no son, de ninguna manera, homogéneas ni compatibles entre sí.

Cuando echamos un vistazo a los estantes de la herencia espiritual de la humanidad, tanto antigua como contemporánea, no encontramos un único volumen ordenado, sino un verdadero bazar de sistemas y disciplinas espirituales, cada una presentándose a nosotros como la más alta, la más rápida, la más poderosa o la más profunda solución para nuestra búsqueda de lo Último.

Confrontados con esta mezcla, caemos en la confusión tratando de evaluarlas, intentando decidir cuál es verdaderamente liberadora, una solución real para nuestra necesidad, y cuál es un atajo plagado de engaños ocultos.

Una aproximación para resolver este problema, muy popular hoy en día, es la ecléctica: elegir y tomar de las varias tradiciones lo que parezca adaptarse a nuestras necesidades, soldando juntas diferentes técnicas y prácticas en un todo sintético que resulte personalmente satisfactorio. De esa manera uno puede combinar meditación de la atención plena budista con sesiones de recitación de mantras hindúes, la plegaria cristiana con la danza sufí, la cábala judía con ejercicios de visualización tibetanos.

Pero el eclecticismo —aunque a veces ayuda a hacer la transición desde un estilo de vida predominantemente mundano y materialista hacia otro con un tinte espiritual— eventualmente se agota. Aunque puede ser una morada confortable a mitad de camino, no sirve como un vehículo final.

Hay dos defectos interrelacionados en el eclecticismo que explican por qué es inadecuado como camino final. Uno es que el eclecticismo compromete la verdadera tradición de la que hace uso. Las grandes tradiciones espirituales no proponen sus disciplinas como técnicas que pueden ser extirpadas de su contexto y recombinadas libremente para mejorar la calidad de nuestras vidas. Más bien, se presentan como partes integrales de un todo, de una visión coherente respecto a la naturaleza fundamental de la realidad y del objetivo final de la búsqueda espiritual.

Una tradición espiritual no es una corriente superficial en la cual uno puede mojarse los pies y luego emprender una rápida retirada a la orilla. Es un río poderoso y tumultuoso que se precipita a través del paisaje de nuestra propia vida, y si uno quiere verdaderamente viajar sobre él, debe tener suficiente coraje para arrojar su bote y partir hacia las profundidades.

El segundo defecto del eclecticismo deriva del primero. Como las prácticas espirituales se construyen sobre visiones relativas a la naturaleza de la realidad y el bien final, estas visiones no son siempre compatibles.

Cuando examinamos honestamente las enseñanzas de estas tradiciones, veremos que revelan ante nuestros ojos diferencias significativas de perspectiva, diferencias que no pueden desestimarse fácilmente como simples maneras diferentes de decir la misma cosa. En lugar de ello, apuntan a experiencias verdaderamente diferentes en lo que hace al objetivo supremo y al camino que debemos tomar para alcanzar la meta.

Por lo tanto, dadas las diferencias en perspectiva y práctica que proponen las diferentes tradiciones espirituales, una vez que decidimos superar el eclecticismo y sentimos que estamos preparados para comprometernos seriamente con un sendero en particular, nos encontramos ante el desafío de elegir un camino que nos llevará al verdadero despertar y a la liberación.

Un enfoque para resolver este dilema es clarificar nuestro objetivo fundamental, determinar qué buscamos en un camino genuinamente liberador. Si pensamos cuidadosamente, quedará claro que el primer requisito es un camino hacia el fin del sufrimiento. Todos los problemas pueden reducirse, en última instancia, al problema del sufrimiento; de modo que lo que necesitamos es un camino que ponga fin a este problema de manera definitiva y completa.

Estas dos palabras calificativas son importantes. El camino tiene que llevar al fin completo del sufrimiento, *finalizarlo en todas sus formas*; y llevarlo a un final *definitivo e irreversible*.

Pero aquí nos topamos con otra cuestión: ¿Cómo encontrar un sendero de este tipo, un sendero que tiene la capacidad de guiarnos hasta el definitivo y completo final del sufrimiento? Mientras no sigamos un camino verdaderamente hasta su meta, no podemos saber con certeza adónde nos lleva y, a fin de seguir el camino hasta su meta, tenemos que brindarle toda nuestra confianza en su eficacia.

El seguimiento de un camino espiritual no es como la selección de un conjunto de ropa. Para comprar un nuevo traje, tenemos que probar únicamente un cierto número de trajes, inspeccionarnos en el espejo y seleccionar el traje en el que nos veamos más atractivos. La elección de un camino espiritual es más cercana al matrimonio: uno quiere un compañero o compañera de por vida, alguien cuya compañía resultase tan fiable y duradera como la estrella polar en el cielo nocturno.

Enfrentados a este dilema, podríamos pensar que llegamos a un callejón sin salida y concluir que no tenemos nada que nos guíe más que nuestra inclinación personal o, tal vez, el lanzamiento de una moneda. No obstante, nuestra selección no necesita ser tan ciega e infundada como la imaginamos, dado que tenemos unas pautas para ayudarnos. Dado que los caminos espirituales se presentan generalmente en el marco de una enseñanza total, podemos evaluar la efectividad de cualquier camino en particular investigando las enseñanzas que lo exponen o presentan.

Al hacer esta investigación, podemos analizar tres criterios como estándares para la evaluación:

(1) *En primer lugar,* la enseñanza tiene que proporcionar una imagen o descripción completa y precisa del alcance o rango del sufrimiento. Si la descripción que da es incompleta o defectuosa, entonces el camino que presente será probablemente imperfecto, incapaz de producir una solución satisfactoria. Así como un paciente enfermo necesita un médico que pueda hacer un diagnóstico correcto y completo de su enfermedad, del mismo modo, al buscar liberarnos del sufrimiento necesitamos una enseñanza que presente un informe o explicación confiable de nuestra condición.

(2) El *segundo* criterio exige un correcto análisis de las causas del sufrimiento. Las enseñanzas no pueden detenerse en un informe sobre los síntomas externos. Tienen que penetrar debajo de los síntomas hasta el nivel de las causas y describir esas causas con exactitud. Si una enseñanza hace un análisis causal defectuoso, hay poca probabilidad de que su tratamiento tenga éxito.

(3) El *tercer* criterio se refiere directamente al sendero mismo. Estipula que el camino que ofrecen las enseñanzas tiene que eliminar el sufrimiento en su origen o fuente. Esto significa que

debe proveer un método para cortar el sufrimiento erradicando sus causas. Si falla en aportar esta solución a nivel de la raíz, su valor será finalmente nulo. El sendero que prescribe puede ayudar a remover los síntomas y hacernos sentir que todo está bien, pero quien está afectado por una enfermedad mortal no puede permitirse aceptar cirugía cosmética cuando, debajo de la superficie, la causa de su enfermedad continúa progresando.

Resumiendo, encontramos tres requisitos para que una enseñanza ofrezca un verdadero camino hacia el fin del sufrimiento: primero, tiene que presentar una imagen completa y precisa de la gama o alcance del sufrimiento; segundo, debe presentar un análisis correcto de las causas del sufrimiento; y tercero, debe proporcionarnos los medios para erradicar las causas del sufrimiento.

Este no es el lugar para evaluar las diferentes disciplinas espirituales en relación con estos criterios. Nuestro interés es únicamente el *Dhamma*, la enseñanza del Buda, y la solución que esta enseñanza ofrece al problema del sufrimiento. Que la enseñanza debe ser relevante en relación con este problema es evidente desde su propia naturaleza, porque está formulada no como un conjunto de doctrinas sobre el origen y el final de las cosas que requieren fe, sino como un mensaje de liberación respecto al sufrimiento que afirma ser verificable a través de nuestra propia experiencia.

Junto con ese mensaje viene un método de práctica, un camino que conduce al fin del sufrimiento. Este camino es el Noble Óctuple Sendero (*ariya aṭṭhaṅgika magga*). El Óctuple Sendero está situado en el verdadero corazón de las enseñanzas del Buda. Fue el descubrimiento del sendero lo que le dio a su propio despertar un significado universal y lo elevó del estatus de sabio y benevolente erudito al de maestro mundial. Para sus propios discípulos era, preeminentemente, "quien estableció un camino no establecido antes; quien produjo un camino no producido antes, quien declaró un camino no declarado antes, el conocedor del camino, el que ve el camino, el guía a lo largo del camino" (MN 108).

Y él mismo invita al buscador espiritual con la promesa y el desafío: "Ustedes mismos deben esforzarse. Los Budas son sólo maestros. Los meditadores que practican el sendero son liberados de las ataduras del mal". (Dhp.v.276)

Para ver el Noble Óctuple Sendero como un vehículo viable para la liberación, debemos confrontarlo con nuestros tres criterios:

observar la explicación del Buda acerca del rango o alcance del sufrimiento, su análisis de las causas, y el programa que ofrece como remedio.

El alcance del sufrimiento

El Buda no toca apenas de manera tangencial el problema del sufrimiento; más bien, lo convierte en la piedra angular de sus enseñanzas. Inicia las Cuatro Nobles Verdades, que resumen su mensaje, con el anuncio de que la vida está inseparablemente atada a algo que llama *dukkha*. La palabra en pāli se traduce a menudo como sufrimiento, pero significa algo más profundo que dolor y miseria. Se refiere a una insatisfacción básica que atraviesa nuestra vida, la vida de todos, salvo la de los iluminados. A veces esta insatisfacción irrumpe a la luz como tristeza, pena, aflicción, decepción o desesperación; pero a menudo ronda en los márgenes de nuestra atención como un vago e indefinido sentimiento de que las cosas nunca están del todo perfectas, nunca completamente acordes con nuestras expectativas de lo que deberían ser.

Dukkha es, dice el Buda, el único verdadero problema espiritual. Los otros problemas —las cuestiones teológicas o metafísicas que han desconcertado a los pensadores religiosos a través de los siglos— el Buda las descartaba como "cuestiones que no apuntan a la liberación". Lo que él enseña —dice— es sólo el sufrimiento y el fin del sufrimiento, *dukkha* y su cese.

El Buda no se detiene en generalidades. Avanza exponiendo las diferentes formas que presenta *dukkha*, tanto las evidentes como las sutiles. Comienza por lo que se encuentra a la mano, cercano, con el sufrimiento inherente al proceso físico de la vida misma. Aquí *dukkha* aparece en los eventos del nacimiento, el envejecimiento y la muerte; en nuestra susceptibilidad a las enfermedades, accidentes y lesiones, y aun al hambre y la sed.

Aparece nuevamente en nuestras reacciones internas ante situaciones y eventos desagradables: en la pena, la ira, la frustración y el miedo provocados por separaciones dolorosas, los encuentros desagradables y el fracaso en conseguir lo que queremos. Incluso nuestros placeres —dice el Buda— no son inmunes a *dukkha*. Nos dan felicidad mientras duran, pero no duran para siempre;

eventualmente tienen que desaparecer, y cuando lo hacen, la pérdida nos deja sintiéndonos carentes.

En su mayor parte, nuestras vidas están tensionadas entre la sed de placer y el miedo al dolor. Nos pasamos los días corriendo detrás de uno y huyendo del otro, raramente disfrutando la paz del contento; la verdadera satisfacción parece, de algún modo, siempre fuera de alcance, justo después del próximo horizonte. Y, al final, tenemos que morir: abandonamos la identidad que hemos estado construyendo durante toda nuestra vida, dejamos atrás todas las cosas y a todos aquellos que amamos.

Pero el Buda enseña que aun la muerte no nos lleva al fin de *dukkha*, ya que el proceso de la vida no se detiene con la muerte. Cuando la vida termina en un lugar, con un cuerpo, el "continuo mental", la corriente de conciencia individual, brota nuevamente en otro lugar con un nuevo cuerpo como soporte físico. Entonces el ciclo continúa una y otra vez —nacimiento, vejez y muerte— empujado por la sed de más existencia.

El Buda declara que este ciclo de renacimientos —llamado *saṁsāra*, "el deambular"— ha estado dando vueltas desde la eternidad. No tiene un punto inicial, no tiene origen temporal. No importa cuán atrás en el tiempo vayamos, siempre encontramos seres vivientes —nosotros en vidas previas— errando desde un estado de existencia a otro.

El Buda describe varios reinos en los que el renacimiento puede tener lugar: reinos de tormento, el reino animal, el reino humano y reinos de éxtasis celestial. Pero ninguno de estos reinos puede ofrecer un refugio final. La vida en cualquier plano siempre tiene que terminar. Es transitoria, un cambio continuo y, en consecuencia, está marcada por esa inseguridad que es el más profundo significado de *dukkha*.

Por esta razón, quien aspira al fin completo de *dukkha* no puede permanecer contento con ningún logro mundano, con ningún estatus, sino que tiene que lograr liberarse por completo de este remolino de inestabilidad.

Las causas del sufrimiento

Una enseñanza que propone guiar hacia el fin del sufrimiento debe, como dijimos, dar una explicación confiable sobre la causa que lo origina. Pues, si queremos ponerle fin al sufrimiento, necesitamos pararlo ahí donde comienza, en sus causas. Detener las causas requiere un conocimiento riguroso y exhaustivo de cuáles son y cómo funcionan, de modo que el Buda consagra una parte importante de sus enseñanzas a poner al descubierto "la verdad del origen de *dukkha*". Ubica el origen dentro de nosotros, en una enfermedad fundamental que penetra nuestro ser, provocando desorden en nuestras mentes y viciando nuestras relaciones con otros y con el mundo. El signo de esta enfermedad puede observarse en nuestra propensión a ciertos estados mentales dañinos llamados en pāli *kilesas*, traducidos usualmente como "impurezas".

Las impurezas más básicas son la tríada de deseo [avidez], aversión [odio, malevolencia] y ofuscación [engaño, confusión]. La avidez (*lobha*) es el deseo egocéntrico: el deseo de placer y posesiones, el impulso para sobrevivir, la urgencia de fortalecer el sentido del ego con poder, estatus y prestigio. La aversión (*dosa*) significa la respuesta de negación, expresada como rechazo, irritación, condena, odio, enemistad, ira y violencia. La ofuscación o engaño, significa la oscuridad mental: la gruesa capa de insensibilidad que bloquea y obstruye la clara comprensión.

De estas tres raíces emergen otras impurezas o corrupciones —arrogancia, celos, ambición, letargo, vanidad, y el resto— y de todas estas impurezas juntas, tanto de la raíz como de las ramas, surge *dukkha* en sus diversas formas: como dolor y tristeza, miedo y descontento, como el ir a la deriva sin objeto a través de la ronda de nacimiento y muerte.

Para liberarse del sufrimiento, entonces, tenemos que eliminar las impurezas. Pero el trabajo de removerlas tiene que proceder de modo metódico. No puede conseguirse simplemente por un acto de voluntad, queriendo que desaparezcan. El trabajo tiene que ser guiado por la investigación. Tenemos que encontrar de qué dependen las impurezas y ver entonces de qué modo está en nuestro poder removerles el soporte o base.

El Buda enseña que hay una impureza que da lugar a todas las demás, una raíz que las mantiene a todas en su lugar. Esta raíz es la ignorancia (*avijjā*).[1] La ignorancia no es meramente la ausencia de conocimiento ni una falta de información sobre aspectos particulares. Puede coexistir con una vasta acumulación de conocimiento detallado y, en su propia forma, ser tremendamente astuta e ingeniosa. Como la raíz básica de *dukkha*, la ignorancia es la oscuridad fundamental que cubre la mente. A veces esta ignorancia opera de manera pasiva, simplemente oscureciendo la comprensión correcta. Otras veces adopta un rol activo: se vuelve la gran embustera, convocando un cúmulo de percepciones y conceptos distorsionados que la mente toma como atributos del mundo, sin darse cuenta de que son sólo sus propias construcciones engañosas. En estas percepciones e ideas erróneas encontramos el suelo fértil que alimenta las impurezas. La mente avista alguna posibilidad de placer, la toma tal como se presenta, y el resultado es la codicia. Nuestra sed de gratificación se frustra, aparecen obstáculos y surgen la ira y la aversión. O luchamos con las ambigüedades, nuestra visión se nubla y nos perdemos en la ofuscación.

Con esto descubrimos el terreno fértil de *dukkha*: la ignorancia que desemboca en las impurezas, las impurezas que resultan en el sufrimiento. En tanto esta matriz causal permanezca no estaremos fuera de peligro. Aún podremos disfrutar y encontrar placer: los placeres de los sentidos, sociales, de la mente y el corazón. Pero no importa cuánto placer podamos sentir ni cuán exitosos seamos en evitar el dolor, el problema básico permanece en el centro de nuestro ser y continuamos moviéndonos dentro de los límites de *dukkha*.

Cortando las causas del sufrimiento

Para liberarnos total y definitivamente del sufrimiento, tenemos que eliminarlo de raíz, y esto significa eliminar la ignorancia. Pero ¿cómo procede uno para eliminar la ignorancia? La respuesta surge claramente a partir de la naturaleza del adversario.

Puesto que la ignorancia es el estado de no conocer las cosas como son en realidad, lo que necesitamos es conocer las cosas como realmente son. No se trata meramente de un conocimiento conceptual, de un conocimiento entendido como una idea, sino de un conocimiento perceptivo, un conocimiento que es también una visión. Este tipo de conocimiento se llama sabiduría (*paññā*). La sabiduría ayuda a corregir el trabajo distorsionante de la ignorancia. Nos permite captar las cosas como son en realidad, directa e inmediatamente, libres de la pantalla de ideas, opiniones, y suposiciones que nuestras mentes generalmente establecen entre ellas y lo real. Para eliminar la ignorancia necesitamos sabiduría, pero ¿cómo se adquiere sabiduría? Como conocimiento indudable de la naturaleza última de las cosas, la sabiduría no se puede adquirir meramente con el aprendizaje, ni juntando y acumulando un conjunto de datos o hechos. No obstante, el Buda dice que la sabiduría puede cultivarse. Surge a través de un conjunto de condiciones, cuyo desarrollo está dentro de nuestro poder o capacidad.

Estas condiciones son en realidad factores mentales, componentes de la conciencia, que se ensamblan en una estructura sistemática que podemos llamar un camino, en el significado esencial de la palabra: una vía para un movimiento que conduce a una meta.

La meta es aquí el fin del sufrimiento, y el camino que conduce a ella es el Noble Óctuple Sendero, con sus ocho factores: comprensión correcta, intención correcta, lenguaje correcto, acción correcta, medio de vida correcto, esfuerzo correcto, atención plena correcta y concentración correcta.

El Buda llama a este sendero el camino medio (*majjhima paṭipadā*). Es el camino medio porque se aparta claramente de los dos extremos, los dos intentos equivocados de liberarse del sufrimiento. Uno es el extremo de la indulgencia en los placeres sensoriales, el intento de extinguir la insatisfacción a través de la gratificación de los deseos. Esta aproximación da placer, pero el deleite que provoca es ordinario, transitorio y desprovisto de profunda satisfacción. El Buda reconoció que el deseo sensorial puede ejercer una atadura fuerte en las mentes de los seres humanos, y era muy consciente de cuán ardientemente puede apegarse la gente a este placer de los sentidos. Pero también supo que este placer es muy inferior a la felicidad que surge de la renuncia, y en consecuencia enseñó repetidamente que el camino a lo Último eventualmente requiere el abandono del deseo sensorial. De este modo, el Buda describe la indulgencia en los placeres sensoriales como "baja, común, mundana, innoble, no conducente a la meta".

El otro extremo es la práctica de la auto mortificación, el intento de obtener la liberación por medio del castigo al cuerpo. Esta aproximación puede surgir de una aspiración genuina a la salvación, pero opera dentro de los límites de una suposición equivocada, que hace estéril la energía que se gasta.

El error está en tomar el cuerpo como el causante del cautiverio, cuando la fuente real del problema recae en la mente: la mente obsesionada con la avidez, la aversión y la ofuscación. Para liberar la mente de estas impurezas el castigo corporal no sólo es inútil, sino también contraproducente, ya que significa incapacitar un instrumento necesario. De modo que el Buda describe este segundo extremo como "doloroso, innoble y no conducente a la meta".[2]

Apartado de estas dos aproximaciones extremas se encuentra el Noble Óctuple Sendero, llamado el camino medio, no en el sentido de que suponga un compromiso entre los extremos, sino en el sentido de que trasciende a ambos, evitando los errores que cada uno de ellos implica.

El sendero evita el extremo de la indulgencia en los sentidos, reconociendo la inutilidad del deseo y acentuando la renuncia. El deseo y la sensualidad, lejos de ser medios para lograr la felicidad, son resortes del sufrimiento que deben abandonarse como un requisito para la liberación.

Pero la práctica de la renuncia no implica atormentar el cuerpo. Consiste en el entrenamiento mental y, para ello, el cuerpo debe estar apto, sirviendo como un soporte fuerte para el trabajo interno. De modo que el cuerpo debe ser bien cuidado, mantenido en buena salud, mientras los factores mentales se entrenan en generar la sabiduría liberadora.

Este es el camino medio, el Noble Óctuple Sendero, que "provoca visión, provoca sabiduría, conduce a la paz, al conocimiento directo, al despertar, a *Nibbāna*".[3]

II

Comprensión correcta
(*Sammā diṭṭhi*)

Los ocho factores del Noble Óctuple Sendero no son pasos que deban ser seguidos en secuencia, uno después del otro. Pueden ser descritos de forma más apta como componentes más que pasos, comparables con los hilos entretejidos de un único cable, que requiere la contribución de todos esos hilos para lograr máxima tracción o resistencia.

Con un cierto grado de progreso, los ocho factores pueden encontrarse presentes simultáneamente, cada uno sosteniendo a los demás. No obstante, hasta que ese punto se alcanza, algún tipo de secuencia en el despliegue del camino es inevitable.

Considerados desde el punto de vista del entrenamiento práctico, los ocho factores del sendero se dividen en tres grupos: (i) El grupo de la disciplina moral (*sīlakkhandha*), conformado por el lenguaje correcto, la acción correcta y el medio de vida correcto. (ii) El grupo de la concentración (*samādhikkhandha*), conformado por esfuerzo correcto, la atención plena correcta y la concentración correcta. (iii) El grupo de la sabiduría (*paññākkhandha*), conformado por la comprensión correcta y la intención correcta.

Estos tres grupos representan tres etapas del entrenamiento: el entrenamiento en la disciplina moral superior, el entrenamiento en la mente superior, y el entrenamiento en la sabiduría superior.[1]

El orden de los tres entrenamientos está determinado por la meta general y la dirección del camino. Siendo que la meta final a la que conduce el camino, la liberación del sufrimiento depende en última instancia de arrancar de raíz la ignorancia, el punto culminante del sendero tiene que ser el entrenamiento directamente opuesto a la ignorancia.

Este es el entrenamiento en sabiduría, diseñado para despertar la facultad de comprensión penetrativa, que ve las "cosas como realmente son". La sabiduría se despliega por grados, pero aun los más débiles destellos de visión directa o intuitiva (*insight*) presuponen como base una mente que ha sido adecuadamente concentrada, libre de perturbaciones y distracciones.

La concentración se logra a través del entrenamiento en la conciencia [o mente] superior, la segunda división del sendero, que trae consigo calma y templanza, necesarias para el desarrollo de la sabiduría.

Pero, a fin de que la mente se unifique en la concentración, hay que controlar las disposiciones malsanas que comúnmente dominan su trabajo, puesto que estas disposiciones dispersan el haz de la atención y lo distribuyen entre una multitud de preocupaciones.

Las disposiciones malsanas continúan rigiendo mientras se les permite expresarse a través de canales del cuerpo y del habla, tales como acciones físicas o verbales.

En consecuencia, al mismo comienzo del entrenamiento es necesario restringir las facultades de acción, para impedir que se transformen en herramientas de las impurezas. Esta tarea la cumple la primera división del sendero, el entrenamiento en la disciplina moral. De esta manera el camino evoluciona a través de los tres estadios, con la disciplina moral como base para la concentración, la concentración como base de la sabiduría y la sabiduría con el instrumento directo para alcanzar la liberación.

A veces asoma la perplejidad respecto a una aparente inconsistencia en el ordenamiento de los factores del sendero y el triple entrenamiento. La sabiduría —que incluye la comprensión correcta y la intención correcta— es el último estadio del triple entrenamiento; sin embargo sus factores están ubicados al comienzo del sendero en lugar de al final, como podría esperarse de acuerdo con un canon de estricta consistencia.

La secuencia de los factores del sendero, no obstante, no es el resultado de un descuido, sino que está determinado por una consideración logística de importancia, a saber: que la comprensión correcta y la intención correcta en su forma preliminar, son convocados al comienzo como un estímulo para entrar en el triple entrenamiento.

La comprensión correcta proporciona la perspectiva para la práctica; la intención correcta el sentido de dirección. Pero ambos no se agotan en este rol preparatorio, porque cuando la mente ha sido refinada por el entrenamiento de la disciplina moral y la concentración, alcanza un entendimiento e intención correctos de un nivel superior, que entonces forman parte del entrenamiento apropiado en la sabiduría superior.

La comprensión correcta es el precursor de todo el sendero, la guía de todos los otros factores. Nos permite comprender nuestro punto de partida, nuestro destino, y las sucesivas señales o marcas que pasamos a medida que la práctica avanza.

Si intentamos encarar la práctica sin una base en la comprensión correcta corremos el riesgo de perdernos en la futilidad de un movimiento sin dirección. Esto puede compararse a querer conducir hacia un lugar sin consultar el mapa o sin escuchar las sugerencias de un conductor experimentado.

Uno puede subir al automóvil y comenzar a conducir, pero en vez de acercarnos al destino, es más probable que nos distanciemos de él. Para llegar al lugar deseado uno debe tener alguna idea de la dirección general y de los caminos que conducen a él. Consideraciones similares se aplican en la práctica del camino, que ocurre en el marco de una comprensión establecida por la comprensión correcta.

La importancia de la comprensión correcta puede ser valorada por el hecho de que nuestras perspectivas en los temas cruciales de la realidad y el valor tienen una relevancia que va más allá de las meras convicciones teóricas. Estas gobiernan nuestras actitudes, nuestras acciones, nuestra orientación completa hacia la existencia.

Nuestras nociones o perspectivas pueden no estar formuladas claramente en nuestra mente; podemos tener sólo una comprensión conceptual brumosa acerca de nuestras creencias. Pero, ya sea que estén formuladas o no, expresadas o mantenidas en silencio, estas nociones o perspectivas tienen una influencia de largo alcance.

Estructuran nuestras percepciones, ordenan nuestros valores y se cristalizan dentro del marco de ideación a través del cual interpretamos el significado de nuestro ser en el mundo.

Estas nociones, entonces, condicionan la acción. Subyacen a nuestras elecciones y metas, así como a nuestros esfuerzos para llevar esas metas de ser meros ideales, a la realidad.

Las acciones mismas pueden determinar consecuencias, pero tanto las acciones como sus consecuencias dependen de las nociones de las cuales surgen. Dado que las nociones implican un "compromiso ontológico", una decisión sobre la cuestión de qué es real y verdadero, se sigue que las nociones se dividen en dos clases, las correctas y las erróneas.

Las primeras corresponden a lo que es real, y las últimas se desvían de lo real y, en su lugar, afirman lo que es falso. Estos dos tipos de noción, enseña el Buda, llevan a caminos de acción radicalmente distintos y, en consecuencia, a resultados opuestos. Si mantenemos una noción errónea, incluso si es vaga, nos guiará hacia cursos de acción que terminan en sufrimiento. Por otro lado, si adoptamos la noción o comprensión correcta, esa comprensión nos guiará hacia la acción correcta y, en consecuencia, hacia la liberación del sufrimiento.

Aunque nuestra orientación conceptual hacia el mundo pueda parecer inocua y sin consecuencias, una observación más cercana revela que es decisiva y determinante de todo nuestro curso de desarrollo futuro.

El Buda mismo dice que no ve ningún factor individual tan responsable del surgimiento de estados mentales malsanos como la comprensión incorrecta, y ningún factor tan útil para el desarrollo de estados mentales saludables como la comprensión correcta. Y, nuevamente, dice que no hay un factor individual tan responsable del sufrimiento de los seres vivientes como el entendimiento incorrecto, y ningún factor tan potente para promover el bien de los seres vivientes como la comprensión correcta. (AN 1:16.2).

En su medida más amplia, la comprensión correcta implica una comprensión correcta del *Dhamma* entero, es decir, la enseñanza del Buda, y, en consecuencia su proyección es tan extensa como el *Dhamma* mismo.

Pero, para fines prácticos, dos tipos de comprensión correcta sobresalen como principales. Uno es la comprensión correcta mundana, el cual opera dentro de los confines del mundo. El otro es la comprensión correcta supramundana, el cual es superior y lleva a la liberación del mundo.

La primera se ocupa de las leyes que gobiernan el progreso material y espiritual dentro de la ronda del devenir, es decir, los principios que llevan a estados de existencia más altos o más bajos, así como a la felicidad y al sufrimiento mundanos. La segunda tiene que ver con los principios esenciales para la liberación: no se limita meramente al progreso espiritual de una vida a otra, sino que apunta a la emancipación del ciclo de vidas y muertes recurrentes.

Comprensión correcta mundana

La comprensión correcta mundana incluye una correcta comprensión de la ley del *kamma*, es decir, la eficacia moral de la acción. Su nombre literal es "noción correcta de la propiedad de la acción" (*kammassakatā sammādiṭṭhi*), y tiene su formulación estándar en la afirmación: "Los seres son los propietarios de sus acciones, los herederos de sus acciones; surgen de sus acciones, están atados a sus acciones, y son sostenidos por sus acciones. Cualquier cosa que hagan, buena o mala, de ella serán sus herederos".[2]

Existen también otras formulaciones más específicas en los textos. Un pasaje usual, por ejemplo, afirma que las acciones virtuosas como el dar y el ofrecimiento de limosnas, poseen significación moral; que hechos buenos y malos producen frutos acordes con las acciones; que uno tiene el deber de servir a la madre y al padre; que hay renacimiento y un mundo más allá del visible; y que los maestros religiosos altamente realizados pueden encontrarse y que exponen la verdad acerca del mundo sobre la base de su superior realización personal.[3]

Para comprender las implicaciones de esta forma de comprensión correcta, tenemos que examinar primero el significado de su término clave: *kamma*.

La palabra *kamma* significa acción, es decir, hechos que expresan una voluntad moralmente determinada, pues es la voluntad la que da a la acción significado ético.

Por eso, el Buda expresamente identifica acción con volición. En un discurso sobre el análisis de *kamma* dice:

"Monjes, es la volición a la que yo llamo acción (*kamma*). Habiendo querido, uno realiza una acción a través del cuerpo, el lenguaje o la mente".[4]

La identificación de *kamma* con la volición hace de *kamma* un hecho mental, un factor que se origina en la mente y busca realizar los impulsos, disposiciones y propósitos mentales.

La voluntad se manifiesta a través de cualquiera de los tres canales —cuerpo, palabra o mente— llamados "las puertas de la acción" (*kammadvāra*).

Una volición expresada a través del cuerpo es una acción corporal; una volición expresada a través del lenguaje es una acción verbal; y una volición que surge en pensamientos, planes, ideas y otros estados mentales sin obtener expresión externa, es una acción mental. Entonces el factor de la volición se diferencia en tres tipos de *kamma*, de acuerdo con el canal a través del cual se hace manifiesta.

La comprensión correcta requiere más que un simple conocimiento del significado general de *kamma*. Es necesario también comprender: (i) la distinción ética de *kamma* entre lo sano y lo malsano; (ii) los principales casos de cada tipo; y (iii) las raíces de las cuales emergen estas acciones.

Como está expresado en un *sutta*:

"Cuando un noble discípulo comprende lo que es malsano con relación al *kamma*, y las raíces del *kamma* malsano, lo que es saludable con relación al *kamma* y las raíces del *kamma* saludable, entonces tiene comprensión correcta".[5]

(i) Tomando estos puntos en orden, encontramos que *kamma* se distingue primero como no saludable (*akusala*) y saludable (*kusala*). El *kamma* malsano es una acción que es moralmente condenable, perjudicial para el desarrollo espiritual, y que conduce al sufrimiento tanto de uno mismo como de los demás. El *kamma* saludable, por su parte, es una acción moralmente admirable, que favorece el crecimiento espiritual y genera beneficios para uno mismo y para los demás.

(ii) Se pueden citar innumerables instancias de *kamma* saludable y malsano, pero el Buda selecciona diez que considera principales. A estos los llama los "diez cursos de acción malsanos y saludables". Entre los diez, tres son corporales, cuatro son verbales y tres son mentales. Los diez cursos de *kamma* malsano pueden listarse como sigue, divididos según las puertas a través de las cuales se manifiestan:

1. Destruir vida
2. Tomar lo que no es ofrecido   Acción corporal
3. Conducta incorrecta en lo que   *(kayakamma)*
   concierne a placeres sensoriales

4. Lenguaje falso
5. Lenguaje difamatorio o calumnioso   Acción verbal
6. Lenguaje rudo o soez   *(vacīkamma)*
7. Lenguaje insulso o vano

8. Codicia   Acción mental
9. Malevolencia   *(manokamma)*
10. Noción errónea

Los diez cursos de *kamma* saludable son los opuestos de estos: abstenerse de los primeros siete cursos de *kamma* dañino, liberarse de la codicia y de la malevolencia, y sostener nociones correctas. Aunque los siete casos de abstinencia se practican enteramente por la mente y no requieren necesariamente una acción externa, se los designa como acciones corporales y verbales saludables porque se centran en el control de las facultades del cuerpo y del habla.

(iii) Las acciones se distinguen como sanas o malsanas sobre la base de los motivos subyacentes, llamados "raíces" *(mūla)*, que determinan su calidad moral según la volición que las acompaña. De modo que *kamma* es sano o malsano según sus raíces sean beneficiosas o perjudiciales. Las raíces se agrupan en tres categorías para cada grupo. Las raíces malsanas son las impurezas que ya mencionamos: deseo, aversión y ofuscación. Cualquier acción originada en éstas constituye un *kamma* malsano. Las tres raíces sanas o saludables son sus opuestas, expresadas negativamente —de acuerdo con la antigua fórmula hindú— como no codicia *(alobha)*, no aversión *(adosa)* y no ofuscación *(amoha)*.

Aunque estas raíces se expresan negativamente, no significan solamente la ausencia de impurezas sino las virtudes correspondientes. La no codicia implica renuncia, desapego y generosidad; la no aversión implica bondad, simpatía y amabilidad; y la no ofuscación implica sabiduría. Cualquier acción originada a partir de estas raíces constituye un *kamma* sano.

La característica más importante de *kamma* es su capacidad para producir resultados correspondientes a la calidad ética de la acción. Una ley inmanente universal rige la acción volitiva, haciendo que estas acciones tengan consecuencias retributivas llamadas *vipāka* "maduración" o *phala*, "frutos". La ley que conecta las acciones con sus frutos opera sobre el principio simple de que las acciones malsanas maduran conduciendo al sufrimiento y las sanas a la felicidad. La maduración puede no ocurrir de inmediato, ni tampoco en la vida actual. El *kamma* puede operar a lo largo de la sucesión de vidas e incluso permanecer latente durante un tiempo enorme en el futuro. Sin embargo, siempre que actuamos por voluntad, esta deja una huella en el continuo mental, donde permanece almacenada en estado potencial.

Cuando el *kamma* almacenado encuentra las condiciones favorables para su maduración, despierta su latencia y genera algún efecto que trae la debida compensación por la acción original. La maduración puede tener lugar en la vida presente, en la próxima existencia o en alguna vida posterior.

El *kamma* puede madurar determinando el renacimiento en la próxima existencia, influyendo en la forma básica de vida. También puede madurar dentro de una misma vida, manifestándose en nuestra experiencias variadas de felicidad y dolor, éxito y fracaso, progreso y declinación. Pero, sin importar cuándo o cómo madure, el principio es invariable: las acciones sanas producen resultados favorables, las acciones malsanas producen resultados desfavorables.

Reconocer este principio es mantener la comprensión correcta de tipo mundano. Esta noción descarta de inmediato las múltiples formas de comprensión incorrecta con las que es incompatible.

El afirmar que nuestras acciones tienen influencia sobre nuestro destino y continúan en vidas futuras, se opone a la noción nihilista, que considera esta vida como nuestra única existencia y que sostiene que la conciencia termina con la muerte.

El fundamentar las distinciones entre el bien y el mal, lo correcto y lo incorrecto, en un principio universal objetivo, rechaza el subjetivismo ético, que afirma que el bien y el mal son sólo convenciones de opinión o herramientas de control social.

Dado que sostiene que las personas pueden elegir sus acciones libremente, dentro de un límite definido por sus condiciones, contradice el "determinismo duro", el cual postula que nuestras elecciones son siempre forzadas por la necesidad, haciendo que la libre volición sea irreal y la responsabilidad moral insostenible.

Algunas de las implicaciones de las enseñanzas del Buda sobre la comprensión correcta del *kamma* y sus frutos entran en conflicto con la tendencia popular del pensamiento en nuestros días, por lo que es útil hacer explícitas estas diferencias.

La enseñanza de la comprensión correcta afirma que el bien y el mal, lo correcto y lo incorrecto, trascienden las opiniones convencionales acerca de lo que es bueno o malo, y de lo que es correcto o incorrecto. Una sociedad entera puede ser enseñada bajo una confusión de valores morales, y aunque todos dentro de esa sociedad aplaudan un tipo particular de acción como correcta y condenen otra como incorrecta, esto no las *valida* como tales. Para el Buda, los estándares morales son objetivos e invariables.

Si bien el carácter moral de los hechos puede estar condicionado por las circunstancias bajo las cuales se realizan, existen criterios objetivos de moralidad a partir de los cuales cualquier acción o código moral puede ser evaluado. Este estándar objetivo de moralidad es esencial al *Dhamma*, la ley cósmica de la verdad y la rectitud.

Su base transpersonal de confirmación es el hecho de que los actos, como expresión de las voliciones que los originan, producen consecuencias para el agente, y que las correlaciones entre los actos y sus consecuencias son intrínsecas a las voliciones mismas. No hay un juez divino por encima del proceso cósmico que asigne recompensas y castigos. Sin embargo, los actos mismos, a través de su naturaleza moral o inmoral, generan los resultados apropiados.

Para la vasta mayoría de la gente, la comprensión correcta del *kamma* y sus resultados se sostiene por confianza, es decir, se acepta sobre la fe en un maestro espiritual eminente que proclama la eficacia moral de la acción. Pero aun cuando el principio del *kamma* no se perciba personalmente, sigue siendo una faceta de la comprensión correcta.

Es un componente de dicha comprensión porque implica el entender nuestro lugar en el esquema total de las cosas. Quien acepta el principio de que nuestra acción volitiva tiene fuerza moral, en esa misma medida ha captado un hecho importante relativo a la naturaleza de nuestra existencia.

Sin embargo, la comprensión correcta de la eficacia kármica de la acción no necesita permanecer exclusivamente como un artículo de fe, protegido detrás de una barrera impenetrable. Puede ser objeto de una visión directa. A través del logro de ciertos estados de concentración profunda, es posible desarrollar una facultad especial llamada el "ojo divino" (*dibbacakkhu*), un poder de visión super sensorial que revela cosas ocultas a la vista ordinaria. Cuando esta facultad se desarrolla, puede ser dirigida hacia el mundo de los seres vivientes para investigar el funcionamiento de la ley del *kamma*. Con esa visión especial que confiere, uno puede ver por sí mismo, con percepción inmediata, cómo los seres mueren y renacen de acuerdo con su *kamma*, constatando cómo encuentran la felicidad y el sufrimiento a través de la maduración de sus buenas y malas acciones.[6]

Comprensión correcta superior

La comprensión correcta del *kamma* y sus frutos proporciona una lógica para comprometerse con las acciones correctas y lograr un alto estatus dentro de la ronda de renacimientos, pero por sí mismo no conduce a la liberación.

Es posible que alguien acepte la ley del *kamma* y, al mismo tiempo, limite sus metas a los logros mundanos. Nuestra motivación para realizar actos nobles puede ser la acumulación de *kamma* meritorio que conduzca a la prosperidad y al éxito aquí y ahora, a un renacimiento favorable como ser humano o al gozo de la dicha divina en los mundos celestiales.

No hay nada dentro de la lógica de la causalidad del *kamma* que impulse la urgencia para trascender el ciclo del *kamma* y sus frutos. El impulso hacia la liberación respecto a la ronda del devenir en su totalidad depende de la adquisición de una perspectiva diferente y más profunda, una que brinde una visión introspectiva dentro de la inherente defectuosidad de todas las formas de existencia samsárica, incluso las más exaltadas.

Esta comprensión correcta superior, que lleva a la liberación, es la comprensión de las Cuatro Nobles Verdades. Es esta comprensión correcta la que figura como el primer factor del Noble Óctuple Sendero en su sentido propio: la comprensión correcta *noble*. Por consiguiente, el Buda define el factor de la vía de la comprensión correcta explícitamente en términos de las Cuatro Nobles Verdades:

"¿Y qué es entonces la comprensión correcta? Es la comprensión del sufrimiento (*dukkha*), la comprensión del origen del sufrimiento, la comprensión del cese del sufrimiento, la comprensión de la vía que lleva al cese del sufrimiento".[7]

El Noble Óctuple Sendero empieza con una comprensión conceptual de las Cuatro Nobles Verdades, las cuales inicialmente son aprehendidas de manera difusa, por medio del pensamiento y la reflexión. Esta comprensión alcanza su punto culminante en la visión o intuición directa de esas mismas verdades, penetradas con una claridad equiparable a la iluminación.

De manera que puede decirse que la comprensión correcta de las Cuatro Nobles Verdades forma parte tanto del inicio como de la culminación del camino al fin del sufrimiento.

La primera Noble Verdad es la verdad del sufrimiento (*dukkha*), la insatisfacción inherente a la existencia, manifestada en el cambio constante, el dolor y lo perpetuamente incompleto que es intrínseco a todas las formas de vida. [El Buda lo define de la siguiente manera:]

"Esta es la Noble Verdad del sufrimiento: nacer es sufrimiento; envejecer es sufrimiento; la enfermedad es sufrimiento; morir es sufrimiento; la tristeza, la lamentación, el dolor, la pena y la desesperación son sufrimiento; separarse de lo placentero es sufrimiento; no obtener lo que uno desea es sufrimiento; en resumen, los cinco agregados del apego son sufrimiento".[8]

La última afirmación presenta una declaración amplia que requiere mayor consideración.

Los cinco agregados del apego (*pañcupādānakkhandhā*) constituyen un esquema clasificatorio para entender la naturaleza de nuestro ser. El Buda enseña que lo que somos es un grupo de cinco agregados: forma material, sensaciones, percepciones, formaciones mentales y conciencia todos vinculados al apego. Somos los cinco y los cinco nos constituyen a nosotros. Cualquier cosa con la que nos identifiquemos, o lo que consideremos como nuestro ser, se encuentra dentro de ese grupo de cinco agregados.

Juntos, estos cinco agregados dan origen a todo el despliegue de pensamientos, emociones, ideas y disposiciones en las que habitamos, es decir, "nuestro mundo."

De modo que la declaración del Buda, según la cual los cinco agregados constituyen *dukkha*, extiende este concepto a toda nuestra experiencia y existencia, situándolas completamente dentro del alcance de *dukkha*.

Pero aquí aparece la pregunta: ¿Por qué diría el Buda que los cinco agregados son *dukkha*? La razón por la que afirma esto es porque son no permanentes o transitorios. Cambian de momento a momento, surgen y desaparecen, sin que haya nada substancial detrás de ellos que persista a través del cambio.

Dado que los factores constitutivos de nuestro ser están en constante transformación, totalmente desprovistos de un núcleo, no hay nada en ellos a lo que podamos aferrarnos como una base para la seguridad. Este flujo continuo de desintegración, cuando lo aferramos con el deseo de permanencia, nos arrastra al sufrimiento.

La segunda Noble Verdad señala la causa de *dukkha*. Del grupo de impurezas que conducen al sufrimiento, el Buda identifica nuestro anhelo o deseo intenso (*taṇhā*) como la causa dominante y la más generalizada del "origen del sufrimiento":

"Esta es la Noble Verdad del origen del sufrimiento: es este deseo intenso que produce existencia repetida, está atado con el deleite y la lujuria y busca placer aquí y allá; a saber, anhelo por los placeres de los sentidos, el anhelo por la existencia y anhelo por la no existencia".[9]

La tercera Noble Verdad simplemente invierte esta relación del origen. Si el anhelo o deseo intenso es la causa de *dukkha,* entonces, para liberarse de *dukkha*, debemos eliminarlo. De modo que El Buda dice:

"Esta es la noble verdad del cese del sufrimiento: es la completa desaparición y el cese de este deseo, el abandono, liberación y desapego respecto a él.[10]

El estado de paz perfecta que se alcanza cuando el deseo es eliminado, es *Nibbāna* (Skt.: *nirvāṇa*), el estado incondicionado que se experimenta estando aún vivos, con la extinción de las llamas del deseo, la aversión y la ofuscación. La Cuarta Noble Verdad muestra el camino para alcanzar el fin de *dukkha*, es decir, el sendero para la realización de *Nibbāna*. Esa vía es el Noble Óctuple Sendero mismo.

La comprensión correcta de las Cuatro Noble Verdades se desarrolla en dos etapas: la primera se llama la comprensión correcta que concuerda con las verdades (*saccānulomika sammā diṭṭhi*); la segunda, la comprensión correcta que penetra las verdades (*saccapaṭivedha sammā diṭṭhi*). Para obtener la comprensión correcta que concuerda con las verdades, es necesario una clara comprensión de su significado y de su importancia en nuestras vidas. Esta comprensión surge inicialmente del aprendizaje y estudio de las verdades. Luego, se profundiza mediante la reflexión sobre ellas a la luz de la experiencia, hasta que uno logra una fuerte convicción acerca de su veracidad.

Pero incluso en este punto, las verdades aún no han sido plenamente penetradas, y, en consecuencia, la comprensión alcanzada sigue siendo incompleta, más conceptual que experiencial.

Para llegar a la realización directa de las verdades, es necesario elevar la práctica de meditación a un nivel superior: primero, reforzando la capacidad de concentración sostenida y luego, desarrollando el conocimiento introspectivo. La visión directa emerge del contemplar los cinco agregados, los factores de la existencia, para discernir sus características reales.

En la cúspide de tal contemplación, el ojo mental se aparta de los fenómenos condicionados comprendidos en los agregados y cambia su foco hacia el estado incondicionado: *Nibbāna*.

Nibbāna se hace accesible a través del profundizar la facultad del conocimiento introspectivo. Con este cambio, cuando el ojo de la mente ve *Nibbāna*, ocurre simultáneamente la penetración de todas las Cuatro Nobles Verdades. Al ver *Nibbāna,* el estado más allá de *dukkha*, se obtiene una perspectiva desde la cual observar los cinco agregados y comprender que son *dukkha*, simplemente porque son condicionados y están sujetos al cambio incesante. Al mismo tiempo en que *Nibbāna* es realizado, el deseo cesa; nace entonces el entendimiento de que el deseo, la avidez, es el verdadero origen de *dukkha*. Cuando se ve *Nibbāna*, se comprende que es el estado de paz, libre de la agitación del devenir. Y dado que esta experiencia fue alcanzada mediante la práctica del Noble Óctuple Sendero, uno sabe por sí mismo que este es verdaderamente el camino hacia el fin de *dukkha*.

Esta noción o comprensión correcta que penetra las Cuatro Nobles Verdades llega al final del sendero, no al inicio. Debemos comenzar con la comprensión correcta que concuerda con las verdades, adquiriéndolo a través del aprendizaje y fortaleciéndolo con la reflexión. Esta comprensión inicial nos inspira a retomar la práctica y así embarcarnos en el triple entrenamiento de disciplina moral (*sīla*), concentración (*samādhi*) y sabiduría (*paññā*). Cuando el entrenamiento madura, el ojo de la sabiduría se abre por sí mismo, penetrando las verdades y liberando la mente de sus ataduras.

III

Intención correcta
(*Sammā saṅkappa*)

El segundo factor del sendero se denomina en pāli *sammā saṅkappa,* que traduciremos como "intención correcta". El término es a veces traducido como "pensamiento correcto", una interpretación aceptable siempre que añadamos la condición de que, en el presente contexto, la palabra "pensamiento" se refiere específicamente al aspecto intencional o voluntario de la actividad mental, mientras que el aspecto cognitivo está cubierto por el primer factor: la comprensión correcta. No obstante, sería artificial insistir demasiado en la división entre estas dos funciones. Desde la perspectiva budista, los aspectos cognitivos e intencionales de la mente no permanecen aislados en compartimientos separados, sino que se entrelazan e interactúan en estrecha correlación. Las predilecciones emocionales influyen en las nociones, y estas, a su vez determinan las predilecciones. En consecuencia, una visión penetrante de la naturaleza de la existencia, obtenida a través de la reflexión profunda y validada por la investigación, trae consigo una reestructuración de los valores que impulsan la mente hacia metas acordes con la nueva visión. La aplicación mental necesaria para alcanzar esas metas es lo que significa "intención correcta".

El Buda explica la intención correcta como un trío: la intención de renuncia, la intención de benevolencia, y la intención de ser inofensivo.[1] Los tres se oponen a tres tipos paralelos de intención errónea: la intención gobernada por el deseo, la intención gobernada por la malevolencia y la intención dañina.[2] Cada tipo de intención correcta se opone al tipo correspondiente de intención errónea. La intención de renuncia se opone a la del deseo, la intención de benevolencia se opone a la de malevolencia, y la intención de ser inofensivo se opone a la de ser dañino.

El Buda descubrió esta doble división del pensamiento en el período previo a su Despertar (ver MN 19). Mientras luchaba por liberarse, meditando en el bosque, encontró que sus pensamientos podían distribuirse en dos clases diferentes. En una puso los pensamientos de deseo, malevolencia y crueldad; en la otra los pensamientos de renuncia, benevolencia y no crueldad. Cuando notaba que surgían en él pensamientos del primer tipo, comprendía que esos pensamientos llevaban al daño tanto para sí mismo como para los demás, obstruían la sabiduría y se alejaban de *Nibbāna*. Reflexionando de esta manera, expulsaba esos pensamientos de su mente y los llevaba a su fin. Pero cuando los pensamientos del segundo tipo surgían, comprendía que eran benéficos, conducían al crecimiento de la sabiduría y ayudaban al logro de *Nibbāna*. En consecuencia, fortalecía esos pensamientos y los llevaba a completarse.

La intención correcta ocupa el segundo lugar en el sendero, entre la comprensión correcta y la tríada de los factores morales que comienza con el lenguaje correcto, ya que la función intencional de la mente forma el eslabón crucial que conecta nuestra perspectiva cognitiva con nuestras formas de involucrarnos activamente en el mundo. Por un lado, las acciones siempre apuntan hacia atrás, hacia los pensamientos de los cuales surgen. El pensamiento es el precursor de la acción, dirigiendo el cuerpo y el habla, estimulándolos hacia la actividad, usándolos como instrumentos para expresar metas e ideales. Estas metas e ideales, nuestras intenciones, a su vez se remontan un paso más atrás, hasta las nociones prevalentes.

Cuando la noción errónea prevalece, el resultado es la intención errónea que da lugar a acciones perniciosas. De ese modo, quien niega la eficacia moral de la acción y mide sus logros en términos de ganancia y estatus no tendrá más aspiraciones que la ganancia y el estatus, usando cualquier medio que pueda para adquirirlos. Cuando tal búsqueda se intensifica, el resultado es sufrimiento: el intenso sufrimiento de individuos, grupos sociales y naciones en su afán por ganar riquezas, posiciones y poder sin considerar las consecuencias.

La causa de la competencia sin fin, el conflicto, la injusticia y la opresión no reside fuera de la mente. Estas son simplemente manifestaciones de las intenciones que afloran a partir de los pensamientos guiados por el deseo, el odio y la ofuscación.

Pero cuando la intención es correcta, las acciones serán correctas, y para que las intenciones sean correctas, la garantía más segura son las nociones correctas. Quien reconoce la ley de *kamma* y comprende que las acciones traen consecuencias retributivas orientará su búsqueda en concordancia con esta ley; entonces sus acciones, expresivas de sus intenciones, se conformarán a los cánones de la conducta correcta.

El Buda resume sucintamente el tema cuando dice que, para una persona que sostiene una noción errada, sus hechos, palabras, planes y propósitos, basados en esa noción, llevarán al sufrimiento, mientras que para una persona que sostiene la comprensión correcta, sus hechos, palabras, planes y propósitos basados en esa comprensión, conducirán a la felicidad.[3]

Dado que la formulación más importante de la comprensión correcta es la comprensión de las Cuatro Noble Verdades, le sigue que esta noción debería ser de alguna manera determinante del contenido de la intención correcta. Encontramos que esto, de hecho, es así. Comprender las Cuatro Nobles Verdades en relación con nuestra propia vida da lugar a la aparición de la intención de renuncia; comprenderla en relación con otros seres da lugar a las otras dos intenciones correctas. Cuando vemos cómo nuestras propias vidas están permeadas por *dukkha*, y cómo éste *dukkha* deriva del anhelo o deseo intenso, la mente se inclina a la renuncia —abandonando el ansia y los objetos a los que nos ata. Luego, cuando aplicamos las verdades de manera similar a otros seres vivientes, la contemplación nutre el crecimiento de la benevolencia y del ser inofensivo. Vemos que, como nosotros, todos los demás seres vivientes quieren ser felices, y que al igual que nosotros, están sujetos al sufrimiento. La consideración de que todos los seres buscan la felicidad causa el surgimiento de los pensamientos de benevolencia: el deseo de benevolencia de que estén bien, felices y en paz. La consideración de que los seres están expuestos a sufrir causa el surgimiento de los pensamientos de benevolencia: el deseo compasivo de que estén libres de sufrimiento.

El momento en que comienza el cultivo del Noble Óctuple Sendero, los factores de la comprensión correcta e intención correcta, juntos, comienzan a contrarrestar las tres raíces malsanas. A la ofuscación (o ilusión, engaño) —la principal impureza cognitiva— se le opone a la comprensión correcta, la semilla naciente de la sabiduría. La completa erradicación de la ofuscación tendrá lugar únicamente cuando la comprensión correcta se desarrolle al grado de realización completa, pero incluso cada destello de comprensión correcta contribuye a su eventual destrucción. Las otras dos raíces, siendo impurezas emocionales, requieren oposición a través del redireccionamiento de la intención, y de ese modo encuentran su antídoto en pensamientos de renuncia, benevolencia y compasión.

Dado que el deseo y la aversión están enraizados profundamente, no ceden fácilmente; no obstante, el trabajo de vencerlos no es imposible si se emplea una estrategia efectiva. El camino concebido por el Buda hace uso de una aproximación indirecta: procede enfrentando los pensamientos que dan nacimiento a estas impurezas. El deseo y la aversión aparecen en la forma de pensamientos y, en consecuencia, pueden erosionarse a través del proceso de la "sustitución de pensamientos", reemplazándolos por los pensamientos opuestos. Los pensamientos de renuncia surgen de la raíz saludable de la no avidez, la cual se activa cuando es cultivada. Dado que pensamientos contrarios no pueden coexistir, cuando los pensamientos de renuncia se activan, desalojan los pensamientos de deseo, causando entonces que la no avidez reemplace al deseo. De manera similar, las intenciones de benevolencia e inocuidad ofrecen el antídoto a la aversión. La aversión se manifiesta ya sea en pensamientos de malevolencia —de ira, hostilidad o resentimiento— o en pensamientos dañinos, tales como los impulsos de crueldad, agresión y destrucción. Los pensamientos de benevolencia contrarrestarán los primeros derrames de aversión, los segundos, extirpando de este modo la raíz malsana de la aversión misma.

La intención de renuncia

El Buda describe su enseñanza como yendo en dirección opuesta al camino del mundo. El camino del mundo es el del deseo, y el no iluminado que sigue este camino fluye con la corriente del deseo, buscando felicidad y persiguiendo objetos en los que imagina que encontrará satisfacción. El mensaje de renuncia del Buda establece exactamente lo contrario: el tirón del deseo debe resistirse y, eventualmente abandonarse. El deseo debe abandonarse no porque sea moralmente malo, sino porque es una raíz del sufrimiento.[4] En consecuencia, la renuncia, al apartarse del anhelo y su impulso a la gratificación, se transforma en la clave hacia la felicidad, hacia la liberación del apego.

El Buda no pide que todos abandonen su vida de familia por el monasterio, ni exige a sus seguidores que descarten todo placer sensorial de inmediato. El grado de renuncia de cada persona depende de su disposición y situación. Pero lo que permanece como una guía de principio es lo siguiente: el logro de la liberación requiere la erradicación completa del deseo o avidez, y el progreso a lo largo del camino se acelera en la medida en que uno vence el deseo. Liberarse de la dominación del deseo puede no ser fácil, pero la dificultad no deroga la necesidad. Puesto que la avidez es el origen de *dukkha*, ponerle fin a *dukkha* depende de la eliminación del deseo, y eso implica dirigir la mente hacia la renuncia.

Pero es justo en este punto, cuando uno trata de dejar ir el apego, donde encuentra una poderosa resistencia interior. La mente no quiere abandonar su sujeción a los objetos a los cuales se ha aferrado. Durante tanto tiempo se acostumbró a ganar, agarrar y apretar, que le parece imposible romper estos hábitos solo con un acto de voluntad. Uno puede estar de acuerdo con la necesidad de renuncia, puede querer dejar atrás los apegos, pero cuando el llamado suena de verdad, la mente retrocede y continúa moviéndose aferrada a sus deseos.

De modo que el problema surge acerca de cómo romper las cadenas del deseo. El Buda no ofrece un método de represión como solución —es decir, los intentos de empujar hacia afuera el deseo con una mente llena de miedo y repugnancia—. Esta aproximación no resuelve el problema, sino que solo lo empuja debajo de la superficie, donde continúa desarrollándose. La herramienta que el Buda ofrece para liberar la mente del deseo es el entendimiento. La renuncia real no se trata de forzarnos a abandonar cosas que interiormente aún atesoramos, sino de cambiar nuestra perspectiva sobre ellas de tal manera que no nos aten más. Cuando entendemos la naturaleza del deseo, cuando lo investigamos de cerca, con atención perspicaz, el deseo disminuye por sí mismo, sin necesidad de lucha.

Para comprender el deseo de tal manera que podamos aminorar su sujeción, tenemos que ver que el deseo está invariablemente atado a *dukkha*. El fenómeno entero del deseo, con su ciclo de carencia y gratificación, depende de la manera en que vemos las cosas. Permanecemos atados al deseo porque lo vemos como nuestro medio para la felicidad. Si podemos mirar al deseo desde un ángulo diferente, su fuerza se reducirá, resultando en un movimiento hacia la renuncia. Lo que se necesita para cambiar la percepción es algo llamado "consideración sabia" (*yoniso manasikāra*). Así como la percepción influye en el pensamiento, del mismo modo el pensamiento puede influir en la percepción. Nuestras percepciones usuales están teñidas de "consideración insensata" (no sabia) (*ayoniso manasikāra*). Por lo general, miramos sólo a la superficie de las cosas, las observamos en términos de nuestro interés y deseo inmediato; rara vez cavamos hasta las raíces de nuestros enredos o exploramos sus consecuencias a largo plazo. Para corregir esto se requiere consideración sabia: mirar a los trasfondos ocultos de nuestras acciones, explorar sus resultados, y tomar medida del valor de nuestros objetivos. En esta investigación, nuestra preocupación no debe estar en lo que es placentero, sino en lo que es verdadero. Tenemos que estar preparados y dispuestos a descubrir lo que es verdadero, aun a costa de nuestra comodidad. Pues la seguridad real siempre reside del lado de la verdad, no del lado del confort.

Cuando el deseo es escudriñado de cerca, encontramos que siempre está ensombrecido por *dukkha*. A veces *dukkha* aparece como dolor o irritación; otras veces yace de manera subyacente, como una tensión constante de descontento. Pero los dos —deseo y *dukkha*— están inseparablemente relacionados. Podemos confirmar esto por nosotros mismos al considerar el ciclo completo del deseo.

Cuando el deseo emerge, crea en nosotros una sensación de carencia, el dolor de querer. Para terminar con este dolor, luchamos por colmar el deseo. Si nuestro esfuerzo falla, experimentamos frustración, decepción y, a veces, desesperación. Incluso el placer del éxito no es totalmente satisfactorio. Nos preocupa que podamos perder el terreno ganado. Sentimos el impulso de asegurar nuestra posición, de salvaguardar nuestro territorio, de ganar más, de subir más alto, de establecer controles firmes.

Las demandas del deseo parecen no tener fin, y cada deseo demanda lo eterno: quiere que las cosas que conseguimos duren para siempre. Pero todos los objetos del deseo son transitorios. Ya sea riqueza, poder, posición, u otras personas, la separación es inevitable, y el dolor que la acompaña es proporcional a la fuerza del apego: los apegos fuertes traen mucho sufrimiento; poco apego, poco sufrimiento; y sin apego, no hay sufrimiento.[5]

Contemplar *dukkha* inherente en el deseo es una vía para inclinar la mente hacia la renuncia. Otro camino es contemplar directamente los beneficios que se derivan de la renuncia. Moverse del deseo a la renuncia no es, como podríamos imaginar, pasar de la felicidad a la pena, de la abundancia a la carencia. Es transitar de los placeres complicados y toscos a una felicidad exaltada y serena, de una condición de servidumbre a una de dominio de sí mismo. En última instancia, el deseo crea miedo y pena, pero la renuncia produce valentía y alegría. Además, promueve el logro de los tres estadios en el triple entrenamiento: purifica la conducta, ayuda a la concentración y nutre la semilla de la sabiduría.

El curso entero de la práctica, desde el comienzo hasta el fin puede, de hecho, ser visto como una evolución en el proceso de renuncia que culmina en *Nibbāna* como el último estadio de abandono, "el abandono de todos los fundamentos de la existencia" (*sabb'ūpadhipaṭinissagga*).

Cuando contemplamos metódicamente los peligros del deseo y los beneficios de la renuncia, gradualmente dirigimos nuestra mente fuera del dominio del deseo. Los apegos caen como las hojas de un árbol, de manera natural y espontánea. Los cambios no son repentinos, pero cuando hay práctica persistente, no hay duda de que vendrán. A través de la contemplación repetida, un pensamiento desplaza a otro, la intención de renuncia reemplaza la intención de deseo.

La intención de benevolencia

La intención de benevolencia se opone a la intención de malevolencia, es decir, a los pensamientos gobernados por la ira y la aversión. Como en el caso del deseo, hay dos maneras inútiles de manejar la malevolencia: una es la de ceder ante ella, expresando la aversión a través de acciones físicas o verbales. Esta aproximación parece relajar la tensión y ayudar a empujar la ira "fuera de nuestro sistema", pero también plantea ciertos peligros: genera resentimiento, provoca represalias, crea enemigos, envenena las relaciones, y genera *kamma* pernicioso: al final, la malevolencia no deja el "sistema" después de todo, sino que es empujada a un nivel inferior, donde sigue viciando nuestros pensamientos y conducta. La otra manera de abordar el tema —la represión— también falla en disipar la fuerza destructiva de la malevolencia. Simplemente redirige esa fuerza y la empuja hacia adentro, donde se metamorfosea en autodesprecio, depresión crónica o en una tendencia a explosiones irracionales de violencia. El remedio que el Buda recomienda para contrarrestar la malevolencia, especialmente cuando el objeto es otra persona, es la cualidad llamada *mettā*, en pāli. Esta palabra deriva de otra que significa "amigo", pero *mettā* significa mucho más que la ordinaria actitud amistosa. Prefiero traducirla con el compuesto "bondad amorosa", que captura el sentido deseado: un intenso sentimiento de amor desinteresado por los otros seres, irradiando hacia el exterior como un sincero interés por su bienestar y felicidad.

Mettā no es solamente benevolencia sentimental, ni tampoco es una respuesta meticulosa a un imperativo moral o a una orden divina. Debe convertirse en un sentimiento interno profundo, caracterizado por una calidez espontánea más que por un sentido de obligación. En su cúspide, *mettā* se eleva a las alturas de un *brahmavihāra*, una "morada divina o sublime", es decir, una manera total de estar basado en el deseo radiante de bienestar para todos los seres vivientes.

El tipo de amor implicado en *mettā* debe distinguirse del amor sensual, así como del amor involucrado en el afecto personal. El primero es una forma de deseo intenso, necesariamente dirigido por el 'yo', mientras que el segundo todavía incluye un grado de apego: amamos a una persona porque esa persona nos da placer, pertenece a nuestro grupo familiar, o refuerza nuestra imagen personal. Solo raramente el sentimiento de afecto trasciende todas las huellas de auto referencia, y aun entonces su alcance es limitado. Se aplica únicamente a una cierta persona o grupo de personas mientras excluye a las demás.

El amor involucrado en *mettā*, en contraste, no depende de relaciones con personas en particular. Aquí la referencia al yo es omitida por completo. Estamos interesados solamente en impregnar a otros con una mente de bondad amorosa, que idealmente se desarrollaría hasta alcanzar un estado universal, extendido a todos los seres vivientes sin discriminaciones o reservas.

La manera de impartir a *mettā* este alcance universal es cultivándola como un ejercicio de meditación. Los sentimientos espontáneos de benevolencia ocurren demasiado esporádicamente y tienen un alcance demasiado limitado como para que podamos depender de ellos como un remedio contra la aversión.

La idea de desarrollar deliberadamente el amor ha sido criticada como siendo forzada, mecánica y calculada. Se dice que el amor solo puede ser genuino cuando es espontáneo y surge sin provocación interna ni esfuerzo consciente. Sin embargo, según la tesis budista, la mente no puede ser ordenada a amar espontáneamente; solo se le pueden mostrar los medios para crear amor e instruirla para que lo practique en conformidad. Al principio, los medios tienen que ser empleados con cierta deliberación, pero, a través de la práctica, el sentimiento de amor se arraiga y se injerta en la mente como una tendencia natural y espontánea.

El método de desarrollo es *mettā-bhāvanā*, la meditación en la bondad amorosa, uno de los más importantes tipos de meditación budista. La meditación comienza con el desarrollo del amor o afecto bondadoso hacia uno mismo.⁶ Se sugiere que uno se tome a sí mismo como primer objeto de *mettā* porque el verdadero afecto bondadoso hacia los otros solo puede hacerse posible cuando uno es capaz de sentir genuinamente afecto bondadoso hacia sí mismo.

Probablemente, la mayoría del enojo o la ira que les dirigimos a los demás surge de actitudes negativas que tenemos hacia nosotros mismos. Cuando *mettā* es dirigida hacia el interior, ayuda a disolver la capa endurecida creada por esas actitudes negativas, permitiendo una difusión fluida de amabilidad y simpatía hacia el exterior.

Una vez que aprendemos a encender el sentimiento de *mettā* hacia nosotros mismos, el próximo paso es extenderlo a los demás. La extensión de *mettā* depende de un cambio en el sentido de la identidad, expandiéndolo más allá de sus confines ordinarios y aprendiendo a identificarse con los otros.

El cambio es puramente psicológico en su método, totalmente libre de postulados teológicos y metafísicos, como el de un ser universal inmanente en todos los seres. En su lugar, procede de un curso simple y directo de reflexión, que nos permite compartir la subjetividad de otros y experimentar el mundo (al menos imaginariamente) desde el punto de vista de su propia interioridad.

El procedimiento comienza con uno mismo. Si miramos dentro de nuestra mente, encontramos que la necesidad básica de nuestro ser es el deseo de ser feliz y estar libre de sufrimiento. Ahora bien, una vez que vemos esto en nosotros mismos, podemos comprender inmediatamente que todos los seres vivientes comparten el mismo deseo básico. Todos quieren estar bien, ser felices y estar protegidos.

Para extender *mettā* hacia otros, lo que hay que hacer es compartir imaginariamente sus propios e innatos deseos de felicidad. Usamos nuestro propio deseo de felicidad como una llave: experimentamos este deseo como la necesidad básica de los demás, volvemos entonces a nuestra propia posición y extendemos a ellos el deseo de que puedan lograr su objetivo final, que puedan estar bien y ser felices. La irradiación metódica de *mettā* se practica primero dirigiéndola a individuos que representan ciertos grupos. Estos grupos se organizan en un orden de progresivo alejamiento de uno mismo. La irradiación o emisión comienza con una persona querida, como un padre o un maestro, luego se mueve a un amigo, más tarde a una persona neutral y, finalmente a una persona hostil. Aunque los tipos están definidos por su relación con uno mismo, el amor a desarrollar no está basado en esa relación, sino en la aspiración común de cada persona por la felicidad.

Para cada individuo, uno debe traer su imagen a foco e irradiar el pensamiento: "¡Que esté bien!, ¡Que sea feliz!, ¡Que esté en paz!".[7]

Sólo cuando uno logra generar un sentimiento cálido de benevolencia y amabilidad hacia esa persona, puede entonces dirigirse a la siguiente. Una vez que tenemos cierto éxito con los individuos, podemos entonces trabajar con unidades mayores. Uno puede tratar de desarrollar *mettā* hacia todos los amigos, todas las personas neutrales, todas las personas hostiles. Luego *mettā* puede ser extendida mediante emisión direccional, procediendo en las diferentes direcciones —este, sur, oeste, norte, arriba, abajo— y, posteriormente puede ser extendida a todos los seres sin distinción.

Al final, uno puede irradiar hacia todo el mundo con una mente de bondad amorosa "vasta, sublime e inmensurable, sin enemistad, sin aversión".

La intención de no dañar

La intención de ser inofensivos o no dañar se concibe como guiada por la compasión (*karuṇā*), la cual se opone a los pensamientos crueles, agresivos y violentos. La compasión constituye el complemento a la bondad amorosa. Mientras que la bondad amorosa tiene la característica de desear la felicidad y el bienestar de los otros, la compasión tiene la característica de desear que los otros estén libres de sufrimiento, un deseo que puede extenderse sin límites a todos los seres vivientes. Al igual que *mettā*, la compasión surge al entrar dentro de la subjetividad de los demás, compartiendo su interioridad de una manera profunda y total. Brota espontáneamente al considerar que todos los seres, al igual que nosotros mismos, desean estar libres de sufrimiento y, sin embargo, a pesar de sus deseos, continúan siendo acosados por el dolor, el miedo, la pena y otras formas de *dukkha*.

Para desarrollar la compasión como un ejercicio meditativo, lo más efectivo es comenzar con alguien que esté realmente sufriendo, ya que esto proporciona una situación natural para la compasión. Uno contempla a la persona sufriendo, ya sea en forma directa o imaginaria, y luego reflexiona que, al igual que uno mismo, esa persona también quiere liberarse del sufrimiento. El pensamiento debe repetirse, y la contemplación practicarse continuamente, hasta que un sentimiento fuerte de compasión se expanda en el corazón. Entonces, usando ese sentimiento como patrón, uno se dirige hacia diferentes individuos, considera cómo cada uno de ellos está expuesto al sufrimiento e irradia el sentimiento amable y suave de compasión hacia ellos.

Para aumentar la amplitud e intensidad de la compasión es útil contemplar los diferentes tipos de sufrimiento a los que están expuestos los seres vivientes. Una guía útil para esta extensión es proporcionada por la Primera Noble Verdad, con sus enumeraciones de los diferentes aspectos de *dukkha*. Uno contempla los seres sujetos a la vejez, luego a la enfermedad, después a la muerte, y posteriormente a la tristeza, la lamentación, el dolor, la pena, la desesperación y otros sufrimientos.

Cuando se ha conseguido un alto grado de éxito en generar compasión a través de la contemplación de seres que están directamente aquejados por el sufrimiento, uno puede entonces avanzar hacia la consideración de aquellas personas que, en el presente, están disfrutando de felicidad obtenida por medios inmorales. Uno puede reflexionar que esas personas, a pesar de su fortuna superficial, sin duda están profundamente preocupadas en su interior por las punzadas de conciencia. Aún si no muestran signos exteriores de ansiedad interna, se sabe que, eventualmente, los frutos amargos de sus actos malignos madurarán, y les traerán intenso sufrimiento.

Finalmente, uno puede ampliar el alcance de su propia contemplación incluyendo a todos los seres vivientes. Debería contemplar a todos los seres como sujetos al sufrimiento universal de *saṁsāra*, impulsados por su deseo, aversión y ofuscación a través de la ronda de los repetidos nacimientos y muertes. Si la compasión es inicialmente difícil de despertar hacia seres que son para nosotros totalmente extraños, uno puede reforzarla reflexionando en la máxima del Buda de que, en este ciclo de renacimientos sin comienzo, es difícil encontrar un solo ser que no haya sido, en algún momento, nuestra propia madre o padre, hermana o hermano, hijo o hija.

Para resumir, vemos que los tres tipos de intención correcta —renuncia, benevolencia y no daño— contrarrestan las tres intenciones erróneas —deseo, malevolencia y ser dañinos—. La importancia de poner en práctica la contemplación que lleva al surgimiento de estos pensamientos no puede ser exagerada. Estas contemplaciones han sido enseñadas como métodos para ser cultivados, no como meras excursiones teóricas.

Para desarrollar la intención de renuncia, tenemos que contemplar el sufrimiento vinculado a la búsqueda del placer mundano; para desarrollar la intención de benevolencia, tenemos que considerar cómo todos los seres desean la felicidad; para desarrollar la intención de no daño, tenemos que considerar cómo todos los seres quieren liberarse del sufrimiento.

El pensamiento malsano es como una estaca podrida alojada en la mente; el pensamiento beneficioso o saludable es una nueva estaca adecuada para reemplazarla. La contemplación actúa como el martillo que permite empujar afuera la vieja estaca con la nueva. El trabajo de fijar la nueva estaca a su lugar es la práctica —practicar una y otra vez, tan seguido como sea necesario para alcanzar el éxito—.

El Buda nos asegura que la victoria puede lograrse. Afirma que aquello en lo que se reflexiona frecuentemente, se convierte en la inclinación de la mente. Si uno tiene pensamientos frecuentes de naturaleza sensual, hostil o dañina, el deseo, la malevolencia y la crueldad serán las inclinaciones de la mente. Si uno piensa frecuentemente en el modo opuesto —renuncia, benevolencia y compasión—, entonces esa será la inclinación de la mente. (MN 19). La dirección que tomamos siempre nos regresa a nosotros mismos, a las intenciones que generamos momento a momento en el curso de nuestras vidas.

IV

Lenguaje correcto, acción correcta, medio de vida correcto
(Sammā vācā, sammā kammanta, sammā ājīva)

Los próximos tres factores del sendero —lenguaje correcto, acción correcta y medio de vida correcto— pueden ser tratados juntos, ya que colectivamente conforman la primera de las tres divisiones del sendero: la división de la disciplina moral (sīlakkhandha). Aunque los principios expuestos en esta sección restringen las acciones inmorales y promueven la buena conducta, su propósito último no es tanto ético como espiritual. Se prescriben no solamente como guías para la acción, sino principalmente como ayudas para la purificación mental. La ética tiene su propia justificación en las enseñanzas del Buda como una medida necesaria para el bienestar humano, y su importancia no puede ser subestimada. Sin embargo, en el contexto especial del Óctuple Noble Sendero, los principios éticos están subordinados al objetivo central del sendero: la liberación final respecto al sufrimiento. Por lo tanto, para que el entrenamiento moral sea una parte apropiada del sendero, debe ser tomado bajo la tutela de los dos primeros factores —la comprensión correcta y la intención correcta— y conducir más allá hacia los entrenamientos en concentración y sabiduría.

Aunque el entrenamiento en disciplina moral figura primero entre los tres grupos de prácticas, no debe ser considerado a la ligera. Es el fundamento del sendero en su totalidad, esencial para el éxito de los otros entrenamientos.

El Buda mismo frecuentemente instó a sus discípulos a adherirse a las reglas de la disciplina, "viendo el peligro en la más leve falta".

En una ocasión, cuando un monje se acercó al Buda y le preguntó por un resumen del entrenamiento, el Buda le dijo:

"Primero, establécete a ti mismo en el punto de partida de los estados beneficiosos o saludables, es decir, en la disciplina moral purificada y la comprensión correcta. Luego, cuando la disciplina moral está purificada y la comprensión es recta, entonces deberás practicar los cuatro fundamentos de la atención". (SN 47:3)

La palabra en pāli que hemos estado traduciendo como "disciplina moral," sīla, aparece en los textos con diversos significados superpuestos, todos conectados con la conducta recta. En algunos contextos significa la acción conforme a los principios morales; en otros, los principios mismos; y en otros aún, las cualidades virtuosas del carácter que resultan de la práctica de dichos principios.

Sīla, en el sentido de los preceptos o principios representa el lado formal del entrenamiento ético; sīla como la virtud que anima el espíritu; y sīla como conducta recta es la expresión de la virtud en situaciones de la vida real. Esta definición, con el acento en la acción externa, puede parecer superficial. No obstante, otras explicaciones compensan esa deficiencia y revelan que hay más sobre sīla de lo que parece a primera vista.

El Abhidhamma, por ejemplo, equipara a sīla con el factor mental de la abstinencia (viratiyo) —lenguaje correcto, acción correcta y medio de vida correcto—, una equiparación que deja claro que lo que realmente está siendo cultivado a través de los preceptos morales es la mente.

Mientras que el entrenamiento en sīla aporta el beneficio "público" de inhibir acciones socialmente perjudiciales, también conlleva el beneficio personal de la purificación mental, previniendo que las impurezas o contaminantes determinen qué líneas de conducta debemos seguir.

La palabra "moralidad" y sus derivados sugieren un sentido de obligación y represión bastante extraño a la idea del Buda sobre sīla; esta connotación probablemente proviene del trasfondo de la ética occidental. El budismo, con su marco no teísta, basa su ética no en la noción de obediencia, sino en la de armonía. De hecho, los comentarios explican la palabra sīla con otra palabra, samādhāna, que significa "armonía" o "coordinación."

La observancia de *sīla* lleva a la armonía en varios niveles —social, psicológico, de *kamma* y contemplativo—. A nivel social, los principios de *sīla* ayudan a establecer relaciones interpersonales armoniosas, uniendo a la masa de sus miembros y sus diferencias constitutivas, junto con sus intereses personales y metas, en una orden social unido, en el que el conflicto, si bien no es definitivamente eliminado, al menos se reduce.

A nivel psicológico, *sīla* aporta armonía a la mente, protegiéndola de una ruptura interna causada por la culpa o el remordimiento en relación con la transgresión moral.

A nivel del *kamma* la observancia de *sīla* asegura la armonía con la ley cósmica de *kamma* y, como consecuencia, con los resultados favorables en las repetidas rondas de nacimiento y muerte.

Y en el cuarto nivel, el contemplativo, *sīla* ayuda a establecer la purificación preliminar de la mente, la cual se completará de una manera más profunda y exhaustiva a través del desarrollo metódico de la serenidad y el conocimiento introspectivo.

Cuando se definen brevemente, los factores del entrenamiento moral son mencionados en forma negativa, en términos de abstinencia. Pero hay más en *sīla* que el simple abstenerse de lo que es equivocado. Cada principio contenido en los preceptos, como veremos, tiene en realidad dos aspectos, ambos esenciales para el entrenamiento como un todo. Uno es la abstinencia de lo que es pernicioso, y el otro, el compromiso con lo benéfico o saludable. El primero se llama "evitar" (*vāritta*) y el segundo "cumplir" (*cāritta*).

Al comienzo del entrenamiento, el Buda acentúa el aspecto de *evitar*. Lo hace no porque la abstinencia de lo malsano sea suficiente en sí misma, sino para establecer las etapas de la práctica en una secuencia apropiada. Las etapas siguen su orden natural (más lógico que temporal) en la famosa máxima del *Dhammapada*:

"Abstenerse de todo mal, cultivar el bien, y purificar nuestra mente —esta es la enseñanza de los Budas—" (v. 183).

Los otros dos pasos —cultivar el bien y purificar la mente— también reciben el crédito que merecen, pero para asegurar su éxito, la resolución de evitar lo pernicioso es una necesidad. Sin esa resolución el intento de desarrollar cualidades benéficas está destinado a resultar en un patrón de crecimiento desequilibrado y atrofiado.

El entrenamiento en la disciplina moral gobierna los dos canales principales de acción externa: el habla y el cuerpo, así como también la manera en que uno se gana la vida. En consecuencia, el entrenamiento contiene tres factores: lenguaje correcto, acción correcta y medio de vida correcto. Examinaremos ahora estos tres individualmente, siguiendo el orden en el que se presentan usualmente en la exposición del sendero.

Lenguaje correcto (*sammā vācā*)

El Buda divide el lenguaje correcto en cuatro componentes: abstenerse de hablar falsamente, de emplear un lenguaje difamatorio, de usar un lenguaje severo o áspero, y de abstenerse de la charla banal. Dado que los efectos del habla no son inmediatamente evidentes como los de la acción física, su importancia y potencial son fácilmente subestimados. Sin embargo, un poco de reflexión nos mostrará que el habla y su extensión, la palabra escrita, pueden tener enormes consecuencias, tanto para el bien como para el daño. De hecho, mientras que para seres como los animales, que viven en un nivel preverbal, la acción física es la preocupación dominante; para los humanos, inmersos en la comunicación, el habla se vuelve preponderante.

La palabra puede destruir vidas, crear enemigos y desencadenar guerras, o puede aportar sabiduría, sanar divisiones y generar paz. Esto ha sido siempre así, pero en la época moderna el potencial positivo o negativo de la palabra se ha multiplicado exponencialmente debido al enorme crecimiento de los medios de comunicación, la velocidad y el alcance de la información.

La capacidad de la expresión verbal, oral y escrita ha sido vista a menudo como la marca distintiva de la especie humana. A partir de esto, podemos comprender la necesidad de utilizar esta capacidad como un medio para la excelencia humana, en lugar de permitir que, como tantas veces ha sucedido, se convierta en un signo de degradación.

(1) Abstenerse de lenguaje falso (*musāvādā veramaṇī*)

"Aquí alguien evita hablar falsamente y se abstiene de eso. Habla la verdad, está consagrado a la verdad, es fiable, merecedor de confianza, no engaña a la gente. Cuando está en una reunión, entre la gente, en medio de su familia, en sociedad o en la corte de un rey, si es llamado y se le pide que testimonie para decir lo que sabe, responde con honestidad. Si no sabe nada, dice: 'No sé nada'; si sabe, responde: 'Yo sé'. Si no ha visto nada, dice: 'No he visto nada'; si ha visto, responde: 'He visto'. De este modo, nunca miente a sabiendas, ya sea para su propia ventaja, para la ventaja de otra persona o para cualquier otro tipo de beneficio".[1]

Esta afirmación del Buda muestra los dos aspectos del precepto: por un lado, implica abstenerse de mentir; por el otro, implica hablar con verdad. El factor determinante detrás de la transgresión es la intención de engañar. Si alguien dice algo falso creyendo que es verdadero, no infringe el precepto, dado que la intención de engaño está ausente. Aunque la intención de engaño es común a todos los casos de lenguaje falso, la mentira puede manifestarse de diferentes maneras dependiendo de la raíz motivacional, ya sea deseo, aversión u ofuscación.

Cuando el deseo es la raíz principal, la mentira apunta a obtener alguna ventaja personal, ya sea para uno mismo o para aquellos cercanos —riqueza material, posición, respeto o admiración—.

Cuando el odio es el motivo, el lenguaje falso toma la forma de una mentira maliciosa, aquella que busca lastimar y causar daño a otros.

Cuando la ofuscación o confusión es la causa principal, el resultado es un tipo menos pernicioso de falsedad: la mentira irracional, la mentira compulsiva, la exageración dramática o el mentir en aras de una broma.

La crítica del Buda respecto a la mentira se fundamenta en varias razones. Por un lado, mentir perturba la cohesión social. Las personas pueden vivir juntas en sociedad sólo en una atmósfera de confianza mutua, cuando tienen razones para creer que los demás dirán la verdad. Cuando la mentira destruye el fundamento de la verdad e induce a la sospecha masiva, se generaliza y se transforma en el signo de la caída de la solidaridad social hacia el caos.

Pero la mentira tiene otras consecuencias profundamente personales, igualmente desastrosas. Por su propia naturaleza, la mentira tiende a proliferar. Si mentimos una vez y nuestra palabra genera sospechas, nos sentimos obligados a mentir nuevamente para defender nuestra credibilidad, creando una imagen consistente de lo que ocurrió. Así, el proceso se repite: las mentiras se expanden, se multiplican y se conectan hasta que nos encierran en una jaula de falsedades de la cual es difícil escapar. La mentira es un reflejo en miniatura de todo el proceso de la ilusión subjetiva. En cada caso, el creador, seguro de sí mismo y envuelto en sus propios engaños, eventualmente termina siendo su propia víctima.

Consideraciones como estas probablemente inspiraron el consejo que el Buda dio a su hijo, el joven novicio Rāhula, poco tiempo después de su ordenación.

Un día el Buda fue a ver a Rāhula, le señaló un cuenco con un poco de agua en él y le preguntó:

—Rāhula, ¿ves este poco de agua que queda en el cuenco?

—Si, señor.

—Así de poco, Rāhula, es el logro espiritual de alguien que no tiene miedo de decir una mentira deliberadamente.

Entonces el Buda tiró el agua, dejó el cuenco y dijo:

—¿Ves, Rāhula, cómo esta agua fue descartada? De la misma manera, quien dice una mentira deliberadamente descarta cualquier logro espiritual que haya obtenido.

Y nuevamente preguntó:

—¿Ves cómo este cuenco está ahora vacío? De la misma manera, quien no tiene vergüenza de decir mentiras está vacío de logros espirituales.

Entonces el Buda dio vuelta al cuenco y dijo:

—¿Ves, Rāhula, cómo este cuenco ha sido dado vuelta? De la misma manera, quien dice una mentira deliberadamente da vuelta hacia abajo sus logros espirituales y se vuelve incapaz de progresar.

Finalmente, el Buda concluyó que uno no debe decir una mentira deliberada, ni siquiera en broma.[2]

Se dice que en el curso de su largo entrenamiento para el despertar, durante muchas vidas, un *bodhisatta* puede no cumplir con todos los preceptos, con excepción de su compromiso de decir la verdad. La razón de esto es profunda y revela que el compromiso hacia la verdad tiene un significado que trasciende no solo el dominio de la ética, sino también el de la purificación mental, llevándonos al dominio del conocimiento y el ser.

La palabra verdadera representa, en la esfera de la comunicación interpersonal, un paralelo a la sabiduría en la esfera de la comprensión privada. Ambas son, respectivamente, las modalidades externas e internas del mismo compromiso hacia lo que es real. La sabiduría consiste en la realización de la verdad, y la verdad (*sacca*) no es solamente una proposición verbal, sino la naturaleza de las cosas tal como son. Para realizar la verdad, todo nuestro ser tiene que conformarse a la realidad, aceptando las cosas como son, lo cual requiere que, en las comunicaciones con los demás, respetemos la verdad y la expresemos con fidelidad.

El lenguaje verdadero crea una conexión entre nuestro ser interior y la naturaleza real de los fenómenos, permitiendo a la sabiduría emerger y comprender su verdadera naturaleza. En consecuencia, más que un simple principio ético, la devoción al lenguaje verdadero implica tomar nuestra postura en la realidad en lugar de la ilusión, anclarnos en la verdad asida por la sabiduría, en vez de pernos en las fantasías tejidas por el deseo.

(2) Abstenerse de lenguaje difamatorio (*pisuṇāya vācāya veramaṇī*)

"Evita el hablar difamatorio y se abstiene de él. Lo que oyó aquí no lo repite allá, causando discordia; y lo que escuchó allá, no lo repite aquí, causando discordia. De ese modo, une a aquellos que están divididos, y a aquellos que están unidos, los estimula. La concordia lo alegra, se deleita y regocija en la concordia; y es concordia lo que transmite con sus palabras".[3]

El lenguaje difamatorio o calumnioso intenta crear enemistad y división, separando a una persona o grupo, de otro. El motivo detrás de tal lenguaje es generalmente la aversión, el resentimiento hacia el éxito o las virtudes de un rival, o la intención de desacreditar a otros por medio de la denigración verbal. Otros motivos también pueden estar presentes: la intención cruel de herir a otros, el deseo egoísta de ganar afección para sí mismo o el deleite malintencionado de ver cómo los amigos se dividen.

El lenguaje calumnioso es una de las transgresiones morales más graves. La raíz del odio por sí sola ya hace suficientemente pesado el *kamma* malsano, pero, como la acción ocurre generalmente luego de una deliberación, la fuerza negativa se intensifica aún más, ya que la premeditación aumenta su gravedad.

Cuando el lenguaje difamatorio es falso, los dos males —la falsedad y la difamación— se combinan para producir un *kamma* extremadamente pernicioso. Los textos canónicos registran numerosos casos en los que la calumnia de una persona inocente ha llevado a un inmediato renacer en una situación de miseria. Lo opuesto de la difamación, como el Buda indica, es el hablar que promueve la amistad y la armonía. Tal manera de hablar se origina en una mente de bondad amorosa y simpatía. Genera la confianza y el afecto de los demás, quienes sienten que pueden abrirse sin temor a que sus revelaciones sean usadas en su contra. Más allá de los obvios beneficios que ese tipo de comunicación trae en la vida presente, se dice que abstenerse de la calumnia tiene como resultado kármico el ganarse un grupo de amigos que nunca podrán volverse contra uno a causa de la difamación de otros.[4]

(3) Abstenerse de lenguaje rudo o áspero (*pharusāya vācāya veramaṇī*)

"Evita el lenguaje duro y se abstiene de él. Habla palabras que son suaves, calman al oído y son amorosas; tales palabras que llegan al corazón, y que son corteses, amigables y agradables para muchos".[5]

El hablar duro o severo es el lenguaje expresado en un estado de ira, con la intención de causar dolor a quien lo escucha. Este tipo de lenguaje puede asumir diferentes formas, de las cuales podemos mencionar tres: El *lenguaje abusivo*: reprender, denigrar, o reprobar a otro con ira y usando palabras amargas; el *insulto*: herir a otro, atribuyéndole alguna cualidad ofensiva que disminuye su dignidad; el *sarcasmo*: dirigirse a alguien en un tono ostensiblemente elogioso, pero con tal entonación o giro en la frase que la intención irónica se vuelve evidente y causa dolor.

La raíz principal del lenguaje duro es la aversión, que se manifiesta en forma de ira. Dado que la impureza en este caso tiende a actuar impulsivamente, sin deliberación, la transgresión resulta menos grave que la difamación y la consecuencia kármica generalmente es menor severa. De todos modos, el lenguaje rudo es una acción malsana con resultados desagradables tanto para uno mismo como para los demás, tanto en el presente como en el futuro, por lo que debe ser controlado. El antídoto ideal es la paciencia: aprender a tolerar la culpa y la crítica de los demás, simpatizar con sus defectos, respetar las diferencias de puntos de vista y soportar el abuso sin sentir la necesidad de tomar represalias. El Buda promueve la paciencia aún bajo circunstancias muy difíciles:

"Monjes, aun si ladrones y asesinos sierran sus miembros y articulaciones, quienquiera que dé lugar a la ira en ese momento no estaría siguiendo mi consejo. Por eso ustedes tienen que entrenarse así: 'Mi mente debe permanecer imperturbable, mi corazón lleno de amor y libre de cualquier malicia oculta; y a esa persona la penetramos con pensamientos amorosos, amplios, profundos, ilimitados, libres de ira y odio'".[6]

(4) Abstenerse de lenguaje insulso, banal o trivial (*samphappalāpā veramaṇī*)

"Evita la charla banal y se abstiene de ella. Habla en el momento justo, de acuerdo con los hechos, dice lo que es útil, habla del Dhamma y la disciplina. Su palabra es como un tesoro, emitida en el momento adecuado, acompañada por la razón, moderada y llena de sentido".[7]

La charla trivial es un hablar carente de sentido, sin propósito ni profundidad. Este tipo de discurso no comunica nada de valor, sino que simplemente revuelve y agita las impurezas en nuestra propia mente y la de los demás. El Buda aconseja que la charla trivial debe ser contenida y que el habla debe restringirse tanto como sea posible a temas de genuina importancia.

En el caso de un monje, el típico sujeto del pasaje anterior, sus palabras deben ser selectivas y centradas principalmente en el Dhamma. Los laicos, en cambio, tendrán más necesidad de conversaciones afectivas y coloquiales con amigos y familiares, diálogos amables con conocidos y charlas relacionadas con su ámbito laboral. Sin embargo, incluso en estos contextos, deben prestar atención para evitar que la conversación derrape hacia terrenos donde la mente inquieta, siempre ávida de algo dulce o picante para alimentarse, pueda encontrar la oportunidad de gratificarse en sus propensiones impuras.

La interpretación tradicional acerca de abstenerse de la charla trivial se refiere solamente a evitar participar en tal charla uno mismo. Sin embargo, en la actualidad puede resultar valioso darle a este factor una interpretación diferente, haciendo hincapié en un aspecto que se ha vuelto crucial debido a los desarrollos tecnológicos modernos, desconocidos en los días del Buda y de los antiguos comentadores. Se trata de evitar la exposición a la charla banal que nos bombardea constantemente a través de los medios de comunicación contemporáneos: televisión, radio, periódicos, revistas y cine. Un incesante flujo de información superficial y entretenimiento disperso mantiene la mente en un estado de pasividad, vacuidad y esterilidad. Todos estos desarrollos, ingenuamente aceptados como "progreso", amenazan con desgastar nuestra sensibilidad estética y espiritual, así como ensordecernos al llamado más elevado de la vida contemplativa.

Los aspirantes serios a la senda de liberación deben ser extremadamente cuidadosos con aquello a lo que se permiten exponerse. Les sería de gran beneficio incluir estas fuentes de entretenimiento e información inútil dentro de la categoría de lenguaje insulso y esforzarse conscientemente por evitarlas.

Acción correcta (*sammā kammanta*)

La acción correcta se refiere al abstenerse de actos malsanos que se manifiestan a través del cuerpo, su medio natural de expresión. El elemento central en este factor del sendero es el factor mental de abstinencia, pero como esta abstinencia se aplica específicamente a las acciones realizadas a través del cuerpo, se le denomina "acción correcta".

El Buda menciona tres componentes de acción correcta: (1) abstenerse de quitar la vida; (2) abstenerse de tomar aquello que no es ofrecido; y (3) abstenerse de conducta sexual incorrecta. Las analizaremos brevemente en este orden.

(1)   Abstenerse de quitar la vida o matar (*pāṇātipātā veramaṇī*)

> "Aquí alguien evita quitar la vida y se abstiene de ello. Sin usar palo ni espada, conscientemente, lleno de compasión, desea el bienestar de todos los seres sintientes".[8]

"Abstenerse de quitar la vida" tiene una aplicación amplia, que va más allá de simplemente evitar matar a otros seres humanos. El precepto exige abstenerse de matar cualquier ser sintiente. Un "ser sintiente" (*pāṇi satta*) es un ser viviente dotado de mente o conciencia; para fines prácticos, esto incluye seres humanos, animales e insectos. Las plantas no son consideradas seres sintientes; aunque muestran un grado de sensibilidad, no poseen una conciencia completamente desarrollada, que es el atributo que define un ser sintiente. El "quitar la vida" que debe evitarse es el acto *intencional* de matar, es decir, la destrucción deliberada de la vida de un ser dotado de conciencia. El principio se basa en la consideración de que todos los seres aman la vida y temen la muerte, que todos buscan la felicidad y sienten aversión al dolor. La determinación esencial de la transgresión es la volición de matar, que deriva en una acción que priva de vida a un ser. El suicidio se considera una violación, pero no la muerte accidental, ya que en esta última no existe la intención de destruir la vida.

La abstinencia puede tomarse como aplicada a dos tipos de acción: (1) Acción primaria: la destrucción real de vida; y (2) la acción secundaria: el daño o la tortura deliberada de otro ser, sin llegar a matarlo.

Mientras que la declaración del Buda sobre el no herir es muy simple y directa, más tarde los comentarios desarrollaron un análisis detallado de ese principio.

Un tratado de Tailandia, escrito por un patriarca erudito de ese país, recopila una cantidad de material precedente en un tratado especialmente exhaustivo, que resumiremos a continuacón.[9]

El tratado explica que quitar la vida puede tener grados variables que determinan el peso moral de la acción, lo que acarrea diferentes consecuencias kármicas. Las tres primeras variables que determinan el peso moral son: (1) El objeto; (2) el motivo; y (3) el esfuerzo.

Con respecto al objeto hay una diferencia en la gravedad kármica entre matar a un ser humano y matar un animal. Matar un ser humano es más grave, pues los humanos poseen un sentido moral más desarrollado y un mayor potencial espiritual en comparación con los animales. Entre los seres humanos, el peso del *kamma* depende de las cualidades que poseía la persona muerta y su relación con quien la mata. Por lo tanto, matar a una persona de cualidades espirituales superiores o a un benefactor personal —como un padre, madre o maestro— es un acto especialmente grave.

El motivo del matar también influye en el peso moral del acto. Los actos de matar pueden ser motivados por codicia, odio u ofuscación. De los tres, el matar motivado por odio es el más grave de los tres. Por otra parte, el peso del *kamma* aumenta cuando hay premeditación en el acto. Además, la intensidad del esfuerzo involucrado también contribuye al peso kármico. El *kamma* malsano es proporcional a la fuerza y potencia de las impurezas mentales que entran en juego en la acción.

La contrapartida positiva del abstenerse de quitar la vida, como el Buda indica, es el desarrollo de la bondad y la compasión hacia los demás seres. El discípulo no sólo evita destruir la vida, sino que vive con un corazón lleno de compasión, deseando el bienestar de todos los seres.

El compromiso de no dañar y la preocupación genuina por el bienestar de los demás representan la aplicación práctica del segundo factor del sendero, la intención correcta, en su manifestación de benevolencia y no daño.

(2) Abstenerse de tomar lo que no es ofrecido (*adinnādānā veramaṇī*)

"Evita tomar lo que no le es ofrecido y se abstiene de ello. Lo que otra persona posee en bienes y enseres, en el pueblo o en el bosque, no lo toma con intención de robar".[10]

"Tomar lo que no es dado" significa apropiarse las legítimas pertenencias de otros con intención de robo. Si uno toma algo que no tiene dueño, como piedras sin reclamar, madera, o incluso gemas de la tierra, el acto no se considera una violación, aunque estos objetos no hayan sido dados. Sin embargo, aunque no esté expresamente establecido, también se considera una transgresión retener lo que en justicia debería ser entregado a los demás.

Los comentarios mencionan una cantidad de formas en que "tomar lo que no es dado" puede ocurrir. Algunas de las más comunes son:

1. *Robar*: tomar las pertenencias de otros en secreto, como en un allanamiento, hurto, o robo sigiloso.
2. *Atracar*: tomar lo que pertenece a otros abiertamente, mediante fuerza o amenazas.
3. *Arrebatar*: quitar repentinamente una posesión a alguien, sin darle tiempo para resistir.
4. *Defraudar*: obtener la posesión de los bienes de otros reclamándolos falsamente como propias.
5. *Engañar*: utilizar pesos y medidas fraudulentos para manipular a los clientes y obtener ganancias deshonestas.[11]

El grado de peso moral que se atribuye a la acción de tomar lo que no es dado está determinado por tres factores: (1) El valor de los objetos tomados; (2) las cualidades de la víctima del robo; y (3) el estado subjetivo del ladrón. En cuanto al primero, el peso moral es directamente proporcional al valor del objeto: [cuanto más valioso sea lo robado, mayor será la gravedad del acto]. Respecto a lo segundo, el peso moral varía de acuerdo con las cualidades morales del individuo desposeído. [Robar a una persona con elevadas cualidades espirituales o a alguien que brinda servicios desinteresadamente es más grave que robar a alguien de comportamiento poco ético]. En cuanto al tercero, los actos de robo pueden ser motivados por codicia o por odio. La codicia es la causa más común: [el ladrón desea el objeto para sí mismo]. El odio, sin embargo, puede también ser un motivo: privar a una persona de sus posesiones no tanto por quererlas, sino para causarle sufrimiento. Entre ambos, los actos motivados por el odio son kármicamente más pesados que aquellos motivados únicamente por la avidez.

La contraparte positiva del abstenerse de robar es la honestidad, lo que implica respeto por las pertenencias de otros y por su derecho a disponer de sus bienes como deseen. Otra virtud relacionada es el contento, es decir, estar satisfecho con lo que uno tiene, sin sentir la necesidad de incrementar su riqueza mediante medios inescrupulosos. Sin embargo, la virtud más opuesta al robo es la generosidad, que consiste en dar libremente de la propia riqueza y posesiones para beneficiar a los demás.

(3) Abstenerse de conducta sexual incorrecta (*kāmesu micchā-cārā veramaṇī*)

"Evita la conducta sexual incorrecta, absteniéndose de ella. No tiene relación sexual con personas que están aún bajo protección de su padre, madre, hermano, hermana o parientes; tampoco con mujeres casadas, con mujeres convictas ni, por último, con mujeres comprometidas".[12]

La intención que guía este precepto, desde el punto de vista ético, es proteger las relaciones conyugales de influencias disruptivas externas y fomentar la confianza y fidelidad dentro del vínculo marital.

Desde el punto de vista espiritual, este precepto ayuda a contener la tendencia expansiva del deseo sexual, dando un paso en la dirección de la renuncia, cuya consumación se alcanza con la observancia del celibato (*brahmacariya*), obligatoria para monjes y monjas. Para los laicos, el precepto exige abstenerse de relaciones sexuales con parejas ilícitas. La transgresión principal es la de consumar una unión sexual ilícita, aunque cualquier otra implicación de un menor grado también puede considerarse una transgresión secundaria. La principal cuestión que destaca este precepto es quién se considera una pareja ilícita. El Buda define a la pareja ilícita desde la perspectiva del hombre, pero tratados posteriores elaboraron el tema para ambos sexos.[13]

Para un hombre, tres tipos de mujeres son consideradas parejas ilícitas:

(1) Una mujer casada con otro hombre. Esto incluye, además de la mujer legalmente casada, a una mujer que, aunque no tenga un matrimonio formal, es reconocida como la pareja de un hombre. Se considera pareja ilícita, si vive con él o es mantenida por él, o es reconocida como su pareja.

Todas estas mujeres son parejas ilícitas para cualquier otro hombre que no sea su esposo. Esta categoría incluiría a una mujer comprometida con otro hombre. Sin embargo una viuda o una mujer divorciada no se considera dentro de esta prohibición, a menos que existan otras razones que la excluyan.

(2) Una mujer aún bajo protección. Se refiere a una muchacha o mujer que está bajo la protección de su madre, padre, parientes, u otros tutores legalmente autorizados. Esta disposición prohíbe las relaciones que impliquen fugas o matrimonios secretos en contra de la voluntad de quienes son sus legítimos protectores.

(3) Una mujer prohibida por convención. Esta categoría incluye parientes cercanos femeninos, prohibidos como parejas por la tradición social. Monjas y mujeres bajo el voto de celibato, cuya disciplina les exige abstinencia total, y aquellas prohibidas como parejas según la ley del lugar, [es decir, cualquier mujer cuya unión esté legalmente restringida].

Desde el punto de vista de la mujer, dos tipos de hombres son considerados parejas ilícitas:

(1) Para una mujer casada, todo hombre que nos sea su marido está fuera de los límites. De modo que una mujer casada viola el precepto si rompe su voto de fidelidad a su esposo. Sin embargo, una viuda o divorciada es libre de casarse nuevamente.

(2) Para cualquier mujer, un hombre prohibido por convención, como un pariente cercano o aquellos con votos de celibato, son parejas ilícitas.

Además de estos casos, cualquier situación de fuerza, violencia o coerción sexual constituye una transgresión. Sin embargo, en estos casos, la responsabilidad recae únicamente en el agresor, no en quien está obligado a someterse.

La virtud positiva correspondiente con la abstinencia es, para los laicos, la fidelidad conyugal. Marido y mujer deberían ser fieles y devotos entre sí, satisfechos con su relación, y no deberían arriesgar la ruptura de la unión buscando parejas fuera de ella. No obstante, el principio no limita la relación sexual a la unión conyugal. Es suficientemente flexible para permitir variaciones que dependen de la convención social. El propósito esencial, como se ha mencionado, es prevenir las relaciones sexuales que causen sufrimiento a otros. Cuando personas independientes y maduras, aunque no casadas, entran en una relación sexual con libre y mutuo consentimiento, y mientras no haya ninguna otra persona intencionalmente herida, no hay transgresión del factor de entrenamiento.

Los monjes y monjas ordenados, así como hombres y mujeres que se han comprometido con los ocho o diez preceptos, están obligados a cumplir con el celibato. No sólo deben abstenerse de mala conducta sexual, sino también de toda implicación sexual, al menos durante el período de sus votos. La vida sagrada en su máxima expresión apunta a la pureza completa de pensamiento, palabra y acción. Para lograrlo, es necesario dar la espalda a la marea de deseo sexual.

Medio de vida correcto (*sammā ājīva*)

El medio de vida correcto se enfoca en asegurar que uno gane su sustento de manera honesta. El Buda enseñó a los discípulos laicos que la riqueza debe obtenerse siguiendo ciertos principios: por medios legales, no ilegalmente; debería adquirir su ganancia pacíficamente, sin coerción ni violencia; uno debería ganarla honestamente, sin recurrir al engaño o al fraude; y sin causar daño o sufrimiento de los demás.[14]

El Buda menciona cinco tipos de medios de vida que causan daño a otros y, por lo tanto, deben evitarse: (1) Comercio de armas; (2) de seres vivientes (incluido el criar animales para ser matados, o el comercio de esclavos y la prostitución); (3) la matanza y producción de carne; (4) la venta de venenos; (5) la venta de intoxicantes (AN 5:177).

Además, menciona otras formas deshonestas de ganarse la vida que caen dentro de los medios de vida incorrectos (MN 117): practicar el engaño o fraude, realizar adivinaciones y la usura. Obviamente, cualquier ocupación que requiera violar los principios del lenguaje correcto y la acción correcta es una forma del medio de vida erróneo. Sin embargo, otras ocupaciones, como la venta de armas o intoxicantes, aunque no implican directamente mentir o actuar de forma inmoral, siguen siendo incorrectas debido a sus consecuencias perjudiciales para los demás.

El tratado tailandés analiza los aspectos positivos del medio de vida correcto bajo tres categorías: (1) Corrección respecto a las acciones; (2) corrección respecto a las personas; y (3) corrección respecto a los objetos.[15]

"Corrección respecto a las acciones" significa que los trabajadores deben cumplir sus tareas con diligencia y responsabilidad, evitando perder el tiempo, o reclamando que han trabajado más horas de las que han hecho, o llevándose bienes de la compañía o empresa sin autorización.

"Corrección respecto a las personas" implica el debido respeto y consideración que debe mostrarse a los empleadores, empleados, colegas y clientes. Un empleador debe: asignar tareas de acuerdo con las habilidades de cada trabajador, pagar salarios justos y promover a los empleados cuando lo merezcan, y ofrecer periódicamente vacaciones y gratificaciones. Los colegas deberían fomentar la cooperación en lugar de la competencia desleal. Los comerciantes deben tratar a sus clientes con honestidad, evitando tácticas abusivas.

"Corrección respecto a los objetos" significa que las operaciones comerciales y ventas de artículos deberían presentarse de manera veraz. No debe haber propaganda engañosa, distorsión de la cualidad o cantidad de los productos, o maniobras deshonestas.

V

Esfuerzo correcto
(*Samma vāyāma*)

La purificación de la conducta, establecida por los tres factores precedentes, sirve como base para la siguiente división del sendero: la división de la concentración (*samādhikkhandha*). Esta fase de la práctica, que avanza desde la restricción moral hasta el entrenamiento mental directo, comprende tres factores: esfuerzo, atención y concentración correctos. Recibe su nombre de la meta a la que aspira: el poder de la concentración sostenida, que a su vez, se requiere como soporte para el conocimiento introspectivo propio de la sabiduría.

La sabiduría es la herramienta principal para la liberación, pero la visión penetrante que produce sólo puede abrirse cuando la mente ha sido serenada y compuesta. La concentración correcta (*sammā samādhi*) aporta la quietud mental necesaria al unificar la mente con un enfoque sin distracciones en un objeto de atención adecuado. Para ello, sin embargo, el factor de concentración necesita la ayuda del esfuerzo y la atención plena. El esfuerzo correcto (*sammā vāyāma*) proporciona la energía exigida por la tarea y la atención correcta, los puntos estabilizadores para la conciencia.

Los comentaristas ilustran la interdependencia de los tres factores dentro del grupo de concentración con un simple símil. Tres niños van a un parque a jugar. Mientras caminan, ven un árbol con la copa florecida y deciden que quieren recoger las flores. Sin embargo, las flores están fuera del alcance, incluso del niño más alto. Entonces, uno de los amigos se agacha y ofrece su espalda. El chico alto trepa, pero aún duda en alcanzar las flores por miedo a caerse. Entonces, el tercer niño se acerca y ofrece su hombro como apoyo. Finalmente, el primer niño, parado en la espalda del segundo y apoyado en el hombro del tercero, se estira y recoge las flores.[1]

En este símil, el niño alto que recoge las flores representa la concentración en su función de unificar la mente. Sin embargo, para lograrlo, la concentración necesita apoyo: la energía proporcionada por el esfuerzo correcto, simbolizada por el niño que ofrece su espalda. También requiere la conciencia estabilizadora que proporciona la atención plena, representada por el niño que ofrece su hombro. Cuando la concentración correcta recibe este apoyo, reforzada por el esfuerzo correcto y equilibrada por la atención plena, puede extraerse de los hilos dispersos del pensamiento y fijar la mente firmemente en su objeto.

La energía (*viriya*), el factor mental detrás del esfuerzo correcto puede manifestarse en formas saludables o malsanas. El mismo factor nutre tanto el deseo, la agresión, la violencia y la ambición, como la generosidad, la autodisciplina, la bondad, la concentración y la comprensión. El empeño puesto en el esfuerzo correcto es una forma saludable de energía, pero con una orientación más específica: se trata de la energía propia de los estados saludables de conciencia dirigida a la liberación del sufrimiento.

Esta última precisión es especialmente importante. Para que la energía sana contribuya al sendero, debe estar guiada por la comprensión correcta (*sammā diṭṭhi*) y la intención correcta (*samma saṅkappa*), además de trabajar en asociación con los demás factores del sendero. De lo contrario, como la energía propia de los estados mentales ordinarios y saludables, simplemente genera una acumulación de mérito que madura dentro de la ronda de nacimientos y muertes; sin conducir a la liberación de dicha ronda.

En muchas ocasiones el Buda señaló la necesidad del esfuerzo, en favor de la diligencia, el empeño y la infatigable perseverancia. La razón por la que el esfuerzo es tan crucial, es que cada persona debe trabajar por su propia liberación. El Buda hace lo que puede al señalar el camino hacia la liberación; el resto implica poner en práctica el sendero, una tarea que demanda energía.

Esta energía debe aplicarse al cultivo de la mente, que constituye el foco de todo el sendero. El punto de partida es la mente impura, aquejada y ofuscada; la meta es la mente liberada, purificada e iluminada por la sabiduría. Lo que hay en el medio es el esfuerzo incesante por transformar la mente impura en una mente liberada.

El trabajo del autocultivo no es fácil: nadie puede hacerlo por nosotros, pero no es imposible. El Buda mismo y sus discípulos consumados son prueba viviente de que la tarea no está más allá de nuestro alcance. Nos aseguran, además, que cualquiera que siga el sendero puede lograr el mismo objetivo.

Pero lo que se necesita es esfuerzo: el trabajo de la práctica asumido con determinación y proclamado con estas palabras:

"No abandonaré mis esfuerzos hasta que haya alcanzado lo alcanzable por la perseverancia, la energía y el esfuerzo vigoroso".[2]

La naturaleza del proceso mental divide el esfuerzo correcto en cuatro "grandes esfuerzos":

1. Prevenir el surgimiento de estados malsanos no surgidos;
2. Abandonar los estados malsanos que ya han surgido;
3. Estimular estados saludables que aún no han surgido;
4. Mantener y perfeccionar los estados saludables que ya hayan surgido.

Los estados malsanos [dañinos o inhábiles] (*akusalā dhammā*) son las impurezas y los pensamientos, emociones e intenciones derivadas de ellos, ya sea que se manifiesten en acción o permanezcan confinados internamente. Los estados saludables [benéficos o hábiles] (*kusalā dhammā*) son estados mentales no contaminados por las impurezas, especialmente aquellos que conducen a la liberación.

Cada uno de los dos tipos de estados mentales impone una doble tarea. El lado malsano requiere impedir que surjan las impurezas latentes y eliminar aquellas activas que ya están presentes. El lado saludable exige que los factores liberadores no desarrollados sean primero traídos a la existencia y luego cultivados de manera persistente hasta alcanzar su plena madurez.

Ahora examinaremos cada una de estas cuatro divisiones del esfuerzo correcto, prestando especial atención a su campo de aplicación más fértil: el cultivo de la mente a través de la meditación.

(1) Prevenir el surgimiento de estados malsanos aún no surgidos

"Aquí [en esta práctica], el discípulo despierta su voluntad para evitar que surjan estados dañinos y malsanos que aún no han surgido; hace esfuerzo, fomenta su energía, ejercita su mente y persevera".[3]

El primer aspecto del esfuerzo correcto apunta a superar los estados malsanos, aquellos estados mentales contaminados por las impurezas. En la medida en que impidan la concentración, estas impurezas suelen aparecer en un conjunto quíntuple llamado los "cinco impedimentos [también llamados obstáculos]" (*pañcanīvaraṇā*): deseo sensorial, malevolencia, letargo y somnolencia, inquietud y preocupación, y duda.[4]

Reciben el nombre de "impedimentos" porque obstruyen el camino hacia la liberación, creciendo y abarcando la mente de tal forma que impiden la serenidad y la visión introspectiva, los instrumentos principales para el progreso [hacia la liberación]. De este conjunto, los dos primeros obstáculos, el deseo sensorial y la malevolencia, son los más fuertes y representan las barreras más formidables para el crecimiento meditativo, representando respectivamente las raíces malsanas de la codicia y la aversión. Los otros tres obstáculos, aunque menos tóxicos, siguen siendo obstructivos, ya que son ramificaciones de la ofuscación, generalmente en asociación con otras impurezas.

El *deseo sensorial* se interpreta de dos maneras. A veces, se entiende en un sentido estricto como la lujuria por las "cinco ramas [o hebras] del placer sensorial", es decir, visiones, sonidos, olores, sabores y tactos agradables; otras veces se da una interpretación más amplia, en la que el término incluye la avidez en todas sus modalidades, ya sea por los placeres de los sentidos, la riqueza, el poder, la posición, la fama o cualquier otra cosa en la que la mente se establezca.

El segundo obstáculo, *la malevolencia,* es sinónimo de aversión. Comprende el odio, la ira, el resentimiento, y la repulsión en todos sus matices, ya sea dirigidos hacia otras personas, hacia uno mismo, hacia objetos o situaciones.

El tercer obstáculo, el *letargo y somnolencia,* es un compuesto de dos factores unidos por su característica común: una mente inmanejable. Uno es la pesadez u opacidad (*thīna*), que se manifiesta como inercia mental; el otro es la somnolencia o sopor (*middha*), que se manifiesta en el hundimiento de la mente, su pesadez o una excesiva inclinación al sueño.

En el extremo opuesto está el cuarto obstáculo: la *inquietud y preocupación.* Este también es un compuesto, cuyos dos elementos están vinculados por su característica común de intranquilidad. La inquietud (*uddhacca*) es la agitación o excitación, que lleva a la mente de un pensamiento a otro con rapidez y frenesí; la preocupación (*kukkucca*) es el remordimiento por los errores del pasado y la ansiedad por sus posibles consecuencias indeseables.

El quinto obstáculo, la *duda* (*vicikicchā*), se refiere a una indecisión crónica y una falta de resolución. No se trata del cuestionamiento de la inteligencia crítica —una actitud que el Buda alentó—, sino de una persistente incapacidad para comprometerse con el camino del entrenamiento espiritual debido a dudas recurrentes sobre el Buda, su doctrina y su sendero.

El primer esfuerzo para hacer con respecto a los impedimentos es evitar que surjan aquellos que aún no han aparecido; a esto también se le llama el esfuerzo por restringir (*saṃvarappadhāna*). Mantener los obstáculos bajo control mediante esfuerzo es imperativo tanto al comienzo del entrenamiento meditativo como a lo largo de su desarrollo, ya que, cuando los impedimentos surgen, dispersan la atención y oscurecen la cualidad de la conciencia, perjudicando la calma y la claridad.

Los impedimentos no provienen del exterior de la mente, sino de su interior. Aparecen a través de la activación de ciertas tendencias latentes que permanecen dormidas en los profundos recovecos del continuo mental, esperando la oportunidad de emerger.

Generalmente, lo que desencadena la actividad de los impedimentos es la influencia de la experiencia sensorial. El organismo físico está dotado de cinco facultades sensoriales, cada una receptiva a un tipo específico de información: el ojo a las formas, el oído a los sonidos, la nariz a los olores, la lengua a los sabores y el cuerpo a lo tangible.

Los objetos de los sentidos impactan continuamente en las bases sensoriales, las cuales transmiten la información recibida a la mente, donde es procesada, evaluada y, en consecuencia, se genera una respuesta apropiada. Sin embargo, la mente puede manejar estas impresiones de diferentes maneras, determinadas en primer lugar por la forma en que les presta atención.

Cuando la mente recibe la información descuidadamente, con una atención impropiamente dirigida (*ayoniso manasikāra*), los objetos de los sentidos tienden a activar estados malsanos. Esto ocurre ya sea directamente, a través de su impacto inmediato, o indirectamente, al dejar rastros de memoria que más tarde pueden expandirse en forma de pensamientos, imágenes y fantasías impuras.

Como regla general, la impureza activada corresponde al tipo de objeto percibido: los objetos atractivos provocan deseo, los objetos desagradables generan aversión y los objetos [afectivamente] neutros provocan impurezas relacionadas con la ofuscación. Dado que una respuesta descontrolada a la información sensorial estimula las impurezas latentes, es evidente que, para prevenir su surgimiento, se requiere el control sobre los sentidos. Por ello, el Buda enseña, como disciplina para mantener bajo control los impedimentos, un ejercicio llamado la restricción de las facultades de los sentidos (*indriyasaṃvara*):

"Cuando percibe una forma con el ojo, un sonido con el oído, un olor con la nariz, un sabor con la lengua, una impresión tangible con el cuerpo o un objeto con la mente no aprehende ni el signo ni los particulares. Y se esfuerza por alejar aquello a través de lo cual surgirían estados perniciosos y malsanos —como la codicia y el pesar—, en caso de permanecer con los sentidos desprotegidos; así vigila sus sentidos y los restringe".[5]

La restricción sensorial no significa la negación de los sentidos, retirándonos a una ausencia total del mundo sensorial. Esto es imposible, e incluso si se pudiera lograr, el verdadero problema no estaría todavía resuelto, ya que las impurezas yacen en la mente, no en los órganos u objetos de los sentidos. La clave para el control de los sentidos está indicada por la frase "no aprehender el signo o los aspectos particulares". El "signo" (*nimitta*) es la apariencia general del objeto en la medida en que esta apariencia es captada como la base de los pensamientos impuros; los "particulares" (*anubyañjana*) son sus características menos conspicuas. En ausencia de control sensorial, la mente deambula imprudentemente por los campos sensoriales. Primero capta el signo, que pone en movimiento las impurezas, luego explora los detalles, lo que les permite multiplicarse y prosperar.

Restringir los sentidos requiere que la atención plena y la comprensión clara (*sati sampajañña*) se apliquen al encuentro con los campos sensoriales. La conciencia sensorial ocurre en una serie, como una secuencia de actos cognitivos momentáneos, cada uno con su propia función específica. Las etapas iniciales de esta serie se desarrollan de manera automática: primero la mente se dirige al objeto; luego lo aprehende; posteriormente admite la percepción, la examina y la identifica.

Inmediatamente después de la identificación, se abre un espacio en el que se produce una evaluación libre del objeto, lo que conduce a la elección de una respuesta. Cuando la atención plena está ausente, las impurezas latentes, siempre en busca de una oportunidad para manifestarse, motivarán una consideración equivocada. La mente captará el signo del objeto, explorará sus detalles, y de ese modo, abrirá la puerta a las impurezas: debido al deseo, uno se sentirá fascinado por un objeto agradable; debido a la aversión, será repelido por un objeto desagradable.

Sin embargo, cuando uno aplica la atención plena al encuentro sensorial, se interrumpe el proceso cognitivo desde la raíz, antes de que evolucione hacia las etapas que activan las impurezas latentes. La atención plena mantiene los impedimentos bajo control al anclar la mente en la experiencia presente, evitando que embellezca la percepción con ideas nacidas del deseo, la aversión y la ofuscación. Entonces, con una comprensión clara como guía, la mente puede entender el objeto tal como es, sin desviarse.

(2)   Abandonar los estados malsanos surgidos

"Aquí [en esta práctica] el discípulo despierta su voluntad para vencer los estados dañinos y malsanos que ya han surgido y hace esfuerzo, fomenta su energía, ejercita su mente y persevera".[6]

A pesar del esfuerzo por controlar los sentidos, las impurezas aún pueden salir a la superficie. Surgen desde las profundidades del continuo mental, emergiendo de los estratos enterrados de acumulaciones pasadas, hasta cristalizarse en pensamientos y emociones malsanos. Cuando esto sucede, se hace necesario un nuevo tipo de esfuerzo: el esfuerzo por abandonar los estados malsanos surgidos, llamado abreviadamente el esfuerzo de abandonar (*pahānappadhāna*):

"No retiene ningún pensamiento de lujuria sensorial, malevolencia o daño, ni ningún otro estado nocivo y malsano que haya surgido; los abandona, los disipa, los destruye, los hace desaparecer".[7]

Así como un médico hábil dispone de diferentes medicinas para distintas dolencias, así el Buda ofrece diferentes antídotos para los distintos impedimentos: algunos igualmente aplicables a todos, otros específicos para un obstáculo particular. En un importante discurso, el Buda explica cinco técnicas para expulsar los pensamientos distractores.[8] La primera consiste en expulsar el pensamiento impuro con un pensamiento sano que sea su opuesto exacto, de manera análoga a como un carpintero usa una clavija nueva para sacar una vieja. Para cada uno de los cinco impedimentos, hay un remedio específico: una línea de meditación diseñada expresamente para desinflarlo y destruirlo.

Este remedio puede aplicarse de dos maneras: intermitentemente, cuando un impedimento surge y obstaculiza la meditación sobre el tema principal; o como un tema de meditación primario en sí mismo, usado para contrarrestar una impureza que se manifiesta repetidamente como un obstáculo persistente en la práctica personal.

Sin embargo, para que el antídoto sea eficaz en su primer uso —como un recurso temporal ante el aumento de un impedimento—, es recomendable familiarizarse con él, convirtiéndolo en un objeto principal de meditación, al menos por períodos cortos.

Para el deseo, un remedio de aplicación general es la meditación sobre la transitoriedad, la cual derriba el sostén subyacente del apego: la suposición implícita de que los objetos a los que uno se aferra son estables y duraderos. Para el deseo en su forma específica de lujuria sensorial, el antídoto más poderoso es la contemplación de la naturaleza no atractiva del cuerpo, tema que abordaremos con más detalle en el capítulo siguiente.

La malevolencia encuentra su remedio adecuado en la meditación sobre la bondad amorosa (*mettā*), que elimina todo rastro de odio e ira mediante la irradiación metódica del deseo altruista de que todos los seres estén bien y felices.

La disipación del letargo y la somnolencia exige un esfuerzo especial para despertar la energía. Para ello, se sugieren varios métodos: la visualización de una brillante esfera de luz, levantarse y hacer un período de meditación caminando a paso ligero, la reflexión sobre la muerte o, simplemente tomar la firme determinación de seguir esforzándose.

La inquietud y la preocupación se contrarrestan de manera más efectiva dirigiendo la mente hacia un objeto simple que tienda a calmarla. El método generalmente recomendado es la atención plena en la respiración, observando el flujo de entrada y salida del aire.

En el caso de la duda, el remedio especial es la investigación: formular preguntas, hacer indagaciones y estudiar las enseñanzas hasta que los puntos oscuros se aclaren.[9] Mientras que el primero de los cinco métodos para expulsar los impedimentos implica una correspondencia directa entre un obstáculo y su remedio, los otros cuatro utilizan enfoques generales. El segundo método reúne las fuerzas de la vergüenza moral (*hiri*) y el temor moral (*ottappa*) para abandonar el pensamiento no deseado. En este caso uno reflexiona sobre la vileza e indignidad del pensamiento, o considera sus consecuencias indeseables, hasta que surge una repugnancia interna que lo aleja.

El tercer método consiste en un desvío deliberado de la atención. Cuando un pensamiento malsano surge y busca captar la atención, en lugar de complacerlo, uno simplemente lo apaga redirigiendo la mente hacia otro objeto, del mismo modo que se cierran los ojos o se desvía la mirada para evitar una visión desagradable.

El cuarto método adopta el enfoque opuesto. En lugar de alejarse del pensamiento no deseado, se le confronta directamente, se escudriñan sus características y se investiga su origen. Al hacer esto, el pensamiento pierde fuerza, se calma y finalmente desaparece. Esto ocurre porque un pensamiento malsano es como un ladrón: sólo causa problemas cuando opera a escondidas, pero si se le somete a observación, se vuelve inofensivo.

El quinto método, que debe usarse únicamente como último recurso, es la supresión, es decir, restringir vigorosamente el pensamiento malsano con el poder de la voluntad, del mismo modo que un hombre fuerte podría derribar a uno más débil y mantenerlo inmovilizado con su peso.

Al aplicar estos cinco métodos con habilidad y discreción, dice el Buda, uno se convierte en un maestro de todos los caminos del pensamiento. Ya no es el sujeto dominado por la mente, sino su dueño. Cualquier pensamiento que uno quiera pensar, ese pensará. Cualquier pensamiento que no quiera pensar, ese no pensará. Incluso si, de vez en cuando, surgen algunos pensamientos malsanos, uno podrá disiparlos de inmediato, con la misma rapidez con la que una sartén al rojo vivo evapora unas cuantas gotas de agua.

(3) Promover estados saludables aún no surgidos

"Aquí el discípulo despierta su voluntad para despertar estados saludables que aún no han surgido; y hace esfuerzo, fomenta su energía, ejercita su mente y persevera".[10]

Simultáneamente con la remoción de las impurezas, el esfuerzo correcto también exige la tarea de cultivar estados mentales saludables. Esto implica dos aspectos: el despertar de estados saludables que aún no han surgido y la maduración de estados saludables ya presentes.

La primera de las dos divisiones también se conoce como el esfuerzo por desarrollar (*bhāvanāppadhāna*). Aunque los estados saludables a desarrollar pueden agruparse de diversas maneras —como la serenidad e introspección, los cuatro fundamentos de la atención plena o los ocho factores del sendero—, el Buda pone especial énfasis en un conjunto llamado los siete factores de la iluminación (*satta bojjhaṅgā*): atención plena, investigación de los fenómenos, energía, gozo, tranquilidad, concentración y ecuanimidad.

"Así, desarrolla los factores de la iluminación, basados en la soledad, el desapego y el cese, los cuales culminan en la liberación. Estos son: el factor de iluminación de la atención plena, la investigación de los fenómenos, la energía, el éxtasis, la tranquilidad, la concentración y la ecuanimidad".[11]

Los siete estados se agrupan como "factores de la iluminación" tanto porque conducen a la iluminación como porque la constituyen. En las etapas preliminares del sendero, preparan el terreno para la gran realización; al final, permanecen como sus componentes esenciales.

La experiencia de la iluminación —la comprensión perfecta y completa— no es más que estos siete factores operando al unísono para romper todos los grilletes y traer la liberación final del sufrimiento.

El camino hacia la iluminación comienza con la *atención plena*. Esta despeja el terreno para la comprensión introspectiva de la naturaleza de las cosas, sacando a la luz los fenómenos en el ahora, en el momento presente, despojados de todo comentario subjetivo, interpretación o proyección.

Entonces, cuando la atención plena ha resaltado los fenómenos en su estado puro, el factor de investigación interviene para examinar sus características, condiciones y consecuencias. Mientras que la atención plena es esencialmente receptiva, la investigación es un factor activo que sondea, analiza y disecciona inquebrantablemente los fenómenos para descubrir sus estructuras fundamentales. El trabajo de investigación requiere *energía,* el tercer factor de iluminación, que se desarrolla en tres etapas. La primera, la energía incipiente, sacude el letargo y despierta el entusiasmo inicial. A medida que avanza el trabajo de contemplación, la energía cobra impulso y entra en la segunda etapa, la perseverancia, en la que sostiene la práctica sin decaer. Finalmente, en su punto culminante, la energía alcanza la tercera etapa, la invencibilidad, donde impulsa la contemplación hacia adelante, dejando impotentes los obstáculos que intenten detenerla.

A medida que la energía aumenta, el cuarto factor de la iluminación se intensifica: el *gozo,* un interés placentero en el objeto. El gozo se acumula gradualmente, ascendiendo a alturas extáticas: olas de bienaventuranza recorren el cuerpo, la mente brilla de alegría, el fervor y la confianza se intensifican.

Sin embargo, por muy alentadoras que sean estas experiencias, presentan un inconveniente: generan una excitación que puede rozar en la inquietud. No obstante, con una práctica más profunda, el gozo comienza a disminuir y se establece un tono de quietud, lo que señala el surgimiento del quinto factor de la iluminación, la *tranquilidad.* El gozo sigue presente, pero ahora se encuentra atenuado, permitiendo que la contemplación continúe con una serenidad auto dominada.

La tranquilidad lleva a la madurez la *concentración,* el sexto factor de la iluminación, que consiste en la unificación de la mente en un solo punto. Luego, con la profundización de la concentración, el último factor de la iluminación se vuelve dominante: la *ecuanimidad,* un estado de aplomo interior y equilibrio, libre de los dos defectos opuestos de la excitación y la inercia.

Cuando prevalece la inercia, es necesario despertar la energía; cuando predomina la excitación, se requiere ejercer auto control. Sin embargo, cuando ambos extremos han sido superados, la práctica puede desarrollarse de manera uniforme, sin necesidad de esfuerzo adicional o preocupación.

La mente en estado de ecuanimidad se compara con la de un conductor de carro cuyos caballos se mueven a un ritmo constante: no necesita impulsarlos hacia adelante ni detenerlos, sino que puede sentarse cómodamente y observar el paisaje mientras avanza. La ecuanimidad tiene la misma cualidad de "mirar": cuando los demás factores están equilibrados, la mente permanece estable, contemplando con serenidad el juego de los fenómenos.

(4) Mantener los estados sanos surgidos

"Aquí, [en esta práctica], el discípulo despierta su voluntad de conservar los estados saludables que ya han surgido, evitando que desaparezcan y promoviendo su crecimiento, madurez y plena perfección de desarrollo: para ello se esfuerza, fomenta su energía, ejercita su mente y persevera".[12]

Este último de los cuatro esfuerzos correctos tiene como objetivo mantener los factores saludables surgidos y llevarlos a la madurez. Llamado el "esfuerzo por mantener" (*anurakkhaṇappadhāna*), se define como el esfuerzo por "mantener firmemente en la mente un objeto favorable de concentración que ha surgido".[13]

El trabajo de proteger dicho objeto permite que los siete factores de iluminación adquieran estabilidad y aumenten gradualmente en fuerza hasta materializarse en la realización liberadora. Este proceso marca la culminación del esfuerzo correcto, la meta en la que los innumerables actos individuales de esfuerzo finalmente alcanzan su plenitud.

VI

Atención plena correcta
(*Sammā sati*)

El Buda dice que el Dhamma, la verdad última de las cosas es directamente visible, atemporal, y nos invita a abordarlo y verlo. Además, afirma que siempre está disponible para nosotros, y que el lugar donde debe realizarse es dentro de uno mismo.[1]

La verdad última, el Dhamma, no es algo misterioso o remoto, sino la verdad de nuestra propia experiencia. Sólo se puede alcanzar comprendiendo y penetrando nuestra experiencia hasta sus cimientos. Para que esta verdad se convierta en una verdad liberadora, debe ser conocida directamente. No es suficiente aceptarla por fe, creerla por la autoridad de los libros o de un maestro, ni comprenderla solo a través de deducciones e inferencias. Debe ser conocida por perspicacia, captada y absorbida mediante un tipo de conocimiento que es, al mismo tiempo, una visión inmediata.

Lo que enfoca el campo de la experiencia y lo hace accesible a la comprensión es una facultad mental llamada en pāli *sati*, generalmente traducida como "atención plena". La atención plena es presencia mental, atención o conciencia en el sentido de concientización. Sin embargo, el tipo de atención involucrada en la atención plena difiere profundamente del tipo de atención que opera en nuestro modo habitual de percibir.

Toda conciencia implica un darse cuenta, es decir, un conocimiento o experiencia de un objeto. Pero en la práctica de la atención plena, la conciencia se aplica de una manera especial: La mente se mantiene deliberadamente en el nivel de la atención desnuda, una observación desapegada de lo que sucede dentro de nosotros y a nuestro alrededor en el momento presente.

En la práctica de la atención plena correcta, la mente se entrena para permanecer en el presente: abierta, quieta y alerta, contemplando el evento en su acontecer. Todos los juicios e interpretaciones deben suspenderse o, en su caso, simplemente registrarse y abandonarse.

La tarea consiste en tomar nota de lo que surge tal como está ocurriendo, cabalgando los cambios de los acontecimientos como un surfista cabalga las olas en el mar. Todo el proceso es una forma de regresar al presente, de estar en el aquí y ahora sin evadirse, sin dejarse arrastrar por las mareas de los pensamientos distractores. Podría suponerse que siempre estamos conscientes del presente, pero esto es un espejismo. Sólo en raras ocasiones nos damos cuenta del ahora con la precisión que exige la práctica de la atención plena.

En la conciencia ordinaria, la mente inicia un proceso cognitivo a partir de una impresión del presente, pero no permanece con ella. En su lugar, utiliza la impresión inmediata como trampolín para construir estructuras mentales que la alejan de la pura facticidad del dato.

El proceso cognitivo es generalmente interpretativo. La mente percibe su objeto libre de conceptualización sólo por un instante. Luego, inmediatamente después de captar la impresión inicial, se lanza a un proceso de ideación en el que trata de interpretar el objeto, hacerlo inteligible en función de sus propias categorías y suposiciones. Para lograrlo, postula conceptos, los enlaza en construcciones —conjuntos de conceptos que se refuerzan mutuamente— y, finalmente, entreteje dichas construcciones en complejos esquemas interpretativos.

Al final, la experiencia directa original queda invadida por la ideación, y el objeto percibido se vuelve apenas visible a través de densas capas de ideas y puntos de vista, como la luna oculta tras un manto de nubes.

El Buda llama a este proceso de construcción mental *papañca,* que puede traducirse como "elaboración", "embellecimiento" o "proliferación conceptual". Estas elaboraciones bloquean la inmediatez con la que los fenómenos se presentan, permitiéndonos conocer el objeto sólo "a distancia", no como realmente es.

Sin embargo, las elaboraciones no sólo opacan la cognición, sino que también sirven de base para las proyecciones. La mente ilusoria, envuelta en la ignorancia, proyecta sus propias construcciones internas hacia el exterior, atribuyéndolas al objeto como si realmente le pertenecieran. Como resultado, lo que creemos conocer como el objeto final de nuestra cognición —aquello sobre lo que basamos nuestros valores, planes y acciones— es en realidad un producto de retazos, no el artículo original.

No obstante, este producto no es completamente una ilusión, ni una mera fantasía. Si bien toma como base la experiencia inmediata y su materia prima, también incluye algo más: los adornos fabricados por la mente. Los resortes ocultos detrás de este proceso de fabricación son las impurezas latentes. Estas impurezas crean los adornos, los proyectan hacia afuera y los utilizan como ganchos para salir a la superficie, donde generan aún más distorsión.

Corregir las nociones erróneas es tarea de la sabiduría (*pañña*), pero para que la sabiduría pueda cumplir su función con eficacia, necesita un acceso directo al objeto tal como es en sí mismo, libre de elaboraciones conceptuales.

La tarea de la atención plena correcta es despejar el campo cognitivo. La atención plena saca a la luz la experiencia en su pura inmediatez, revelando el objeto tal como es antes de que haya sido cubierto por la pintura conceptual y superpuesto con interpretaciones.

Practicar la atención plena no es tanto una cuestión de hacer, sino de deshacer: no pensar, no juzgar, no asociar, no planificar, no imaginar, no desear. Todas estas acciones [en su forma positiva] son formas de interferencia, modos en los que la mente manipula la experiencia y trata de establecer su dominio.

La atención plena deshace los nudos y enredos de estos procesos simplemente notando. No hace más que observar, cada experiencia a medida que surge se mantiene y desaparece. En la vigilia no hay lugar para el apego, ni compulsión a cargar las cosas con nuestros deseos. Sólo hay una contemplación sostenida de la experiencia en su desnuda inmediatez: cuidadosa, precisa y persistente.

La atención plena ejerce una poderosa función de conexión a tierra. Ancla la mente de forma segura en el presente, impidiendo que flote hacia el pasado o el futuro con sus recuerdos, arrepentimientos, miedos y esperanzas.

La mente sin atención plena se compara a veces con una calabaza, mientras que la mente establecida en atención plena se asemeja a una piedra.² Una calabaza colocada en la superficie de un estanque pronto se aleja flotando y siempre permanece en la superficie del agua. En cambio, una piedra no se dispersa; permanece en su lugar y se hunde de inmediato hasta llegar al fondo. Del mismo modo, cuando la atención plena es fuerte, la mente permanece con su objeto y penetra profundamente en sus características. No deambula ni se limita a rozar la superficie, como ocurre con la mente desprovista de atención plena. La atención plena facilita el logro tanto de la serenidad como el conocimiento introspectivo. Puede conducir a una profunda concentración o a la sabiduría, dependiendo del modo en que se aplique. Un ligero cambio en su aplicación puede marcar la diferencia en el curso del proceso contemplativo: puede descender a niveles de calma interior más profunda, culminando en las etapas de absorción (los *jhānas*), o bien, puede disipar los velos de la ofuscación y dar lugar a una visión introspectiva penetrante.

Para alcanzar las etapas de serenidad, la tarea principal de la atención plena es mantener la mente fija en el objeto, libre de distracciones. En este caso, actúa como guardián, asegurándose de que la mente no se aleje del objeto para perderse en pensamientos dispersos. También vigila los factores que agitan la mente, detectando los impedimentos disfrazados y expulsándolos antes de que puedan causar daño.

Para conducir al conocimiento introspectivo y a la realización de la sabiduría, la atención plena se ejercita de manera más diferenciada. En esta fase de la práctica, su tarea es observar, notar y discernir los fenómenos con la máxima precisión, hasta que sus características fundamentales sean reveladas con claridad.

La atención plena correcta se cultiva a través de una práctica llamada "los cuatro fundamentos de la atención plena" (*cattāro satipaṭṭhānā*), que consiste en la contemplación consciente de cuatro esferas objetivas: el cuerpo, las sensaciones, los estados mentales y los fenómenos [de la experiencia].³ Como explica el Buda:

> "¿Y qué, monjes, es la atención plena? Aquí, [en esta enseñanza], un monje mora contemplando el cuerpo en el cuerpo, enérgico, con comprensión clara y atento, habiendo dejado a un lado la codicia y el pesar con respecto al mundo. Permanece contemplando las sensaciones en las sensaciones... los estados mentales en los

estados mentales... los fenómenos en los fenómenos, enérgico, con comprensión clara y atento, habiendo abandonado la codicia y el pesar con respecto al mundo".[4]

El Buda dice que los cuatro fundamentos de la atención plena forman "el único camino que conduce al logro de la pureza, a la superación de la tristeza y la lamentación, al fin del dolor y el pesar, a la entrada en el camino correcto y a la realización de Nibbāna".[5] Se les llama "el único camino" (ekāyano maggo), no con el propósito de exponer un dogmatismo rígido, sino para señalar que el logro de la liberación sólo puede surgir a través de la contemplación penetrante del campo de experiencia, tal como se lleva a cabo en la práctica de la atención plena correcta.

De las cuatro aplicaciones de la atención plena, la contemplación del cuerpo se refiere al lado material de la existencia; los otros tres se refieren principalmente (aunque no únicamente) al aspecto mental. Para completar la práctica, es necesario desarrollar las cuatro contemplaciones. Aunque no hay un orden rígido en el que deban abordarse, el cuerpo suele tomarse en primer lugar como la base de la contemplación; los demás aspectos aparecen más adelante, cuando la atención plena ha ganado fuerza y claridad. Dado que las limitaciones de espacio no permiten una explicación detallada de los cuatro fundamentos, aquí nos limitaremos a una breve sinopsis.

(1) Contemplación del cuerpo (kāyānupassanā)

El Buda inicia su exposición sobre la contemplación del cuerpo con la atención plena en la respiración (ānāpānasati). Aunque no es un punto de partida obligatorio para la meditación, en la práctica real suele funcionar como el "tema raíz de la meditación" (mūlakammaṭṭhāna), sirviendo como base de todo el proceso contemplativo.

Sin embargo, sería un error considerar este método como un mero ejercicio para principiantes. Por sí misma, la atención plena en la respiración puede llevar a todas las etapas del camino, culminando en el despertar completo. De hecho, fue precisamente este tema de meditación el que el Buda utilizó en la noche de su propia iluminación.

A lo largo de los años, el Buda continuó practicándola en sus retiros solitarios y la recomendaba constantemente a los monjes, elogiándola como:

"Pacífica y sublime, una morada dichosa sin adulterar, que destierra de inmediato y aquieta los malos pensamientos malsanos tan pronto como surgen" (MN 118).

La atención plena en la respiración funciona tan eficazmente como tema de meditación porque trabaja con un proceso que siempre está a nuestra disposición: la respiración. Lo único que hace falta para convertir este proceso en una base para la meditación es llevarlo al rango de la conciencia, es decir, hacer de la respiración un objeto de observación.

Esta práctica no requiere ninguna sofisticación intelectual especial, sólo la conciencia de la respiración. Uno simplemente respira de manera natural a través de las fosas nasales, manteniendo la atención en el punto de contacto alrededor de las fosas nasales o el labio superior, donde se percibe la sensación del aire al entrar y salir.

No debe haber ningún intento de controlar la respiración ni de forzarla a ritmos predeterminados. La tarea es simplemente contemplar conscientemente el proceso natural de inhalar y exhalar.

La conciencia de la respiración corta de raíz las complejidades del pensamiento discursivo, nos rescata del divagar inútilmente en el laberinto de las imaginaciones vanas y nos ancla firmemente en el presente. Porque, en efecto, cada vez que somos plenamente conscientes de la respiración, sólo podemos serlo en el presente, nunca en el pasado ni en el futuro.

La exposición del Buda sobre la atención plena en la respiración implica cuatro pasos básicos. Los dos primeros pasos (que no necesariamente deben seguirse en orden) requieren:

1.   Notar una inhalación o exhalación larga a medida que ocurre.
2.   Observar una inhalación o exhalación corta cuando se presenta.

En ambos casos, la tarea consiste simplemente en observar la respiración a medida que el aire que entra y sale, observándola lo más de cerca posible, prestando atención a si es larga o corta.

A medida que la atención se vuelve más aguda, la respiración puede ser seguida a lo largo de todo su recorrido: desde el inicio de una inhalación, pasando por sus etapas intermedias, hasta su final; y lo mismo con la exhalación. El tercer paso se denomina "percibir claramente todo el cuerpo (de la respiración)".

El cuarto paso, llamado "calmar la formación corporal", consiste en un aquietamiento progresivo de la respiración y sus funciones corporales asociadas, hasta que se vuelven extremadamente finas y sutiles.

Más allá de estos cuatro pasos básicos, existen prácticas más avanzadas que dirigen la atención plena en la respiración hacia la concentración profunda y el conocimiento introspectivo.[6]

Otra práctica en la contemplación del cuerpo, que expande la meditación más allá de una única posición fija, es la atención plena en las posturas.

El cuerpo puede asumir cuatro posturas básicas: caminar, estar de pie, sentarse y acostarse, además de una variedad de posiciones intermedias que marcan la transición entre una postura y otra. La atención plena en las posturas consiste en dirigir toda la atención al cuerpo en cualquier posición que adopte. Así, al caminar, uno es consciente de caminar; al estar de pie, es consciente de estar de pie; al sentarse, es consciente de estar sentado; al acostarse es consciente de estar acostado; y al cambiar de postura, es consciente del cambio de postura.

La contemplación de las posturas ilumina la naturaleza impersonal del cuerpo. Revela que el cuerpo no es un "yo" ni una posesión de un yo, sino simplemente una configuración de materia viva sujeta a la influencia directa de la volición.

El siguiente ejercicio lleva la atención plena un paso más allá. Este ejercicio, llamado "atención plena con comprensión clara" (*sati sampajañña*), añade a la conciencia desnuda un elemento de entendimiento.

Al realizar cualquier acción, uno debe hacerlo con plena conciencia o comprensión clara. Caminar y regresar, mirar hacia adelante o hacia un lado, agacharse y estirarse, vestirse, comer, beber, orinar, defecar, dormirse, despertarse, hablar o permanecer en silencio: todas estas actividades pueden convertirse en ocasiones para el progreso meditativo, siempre que se realicen con comprensión clara.

En los comentarios, la comprensión clara se explica en cuatro aspectos:

(1) Comprensión del propósito de la acción: reconocer su objetivo y determinar si está de acuerdo con el Dhamma.

(2) Comprensión de la idoneidad: conocer los medios más eficientes [y adecuados] para lograr el objetivo deseado.

(3) Comprensión del rango del meditador, es decir, mantener la mente constantemente dentro del marco meditativo [propio] incluso mientras se actúa; y

(4) Comprensión libre de ofuscación: ver la acción como un proceso impersonal desprovisto de una entidad egoica controladora.[7]

Este último aspecto se explorará más a fondo en el último capítulo, sobre el desarrollo de la sabiduría.

Las dos secciones siguientes sobre la atención al cuerpo presentan contemplaciones analíticas destinadas a revelar la verdadera naturaleza del cuerpo. Una de ellas es la meditación sobre la falta de atractivo del cuerpo, ya mencionada en relación con el esfuerzo correcto; la otra es el análisis del cuerpo en los cuatro elementos primarios.

La primera, la meditación sobre la ausencia de atractivo,[8] está diseñada para contrarrestar el apego al cuerpo, especialmente en su manifestación como deseo sexual. El Buda enseña que el impulso sexual es una expresión del deseo, y, por lo tanto, una causa de *dukkha*, que debe ser reducida y eliminada como una condición previa para erradicar el sufrimiento.

Esta meditación tiene como propósito debilitar el deseo sexual privándolo de su base cognitiva: la percepción del cuerpo como sensualmente seductor. El deseo sensual surge y cesa junto con esta percepción. Surge porque vemos el cuerpo como atractivo; cesa cuando se disuelve esa percepción de belleza.

Sin embargo, la percepción del atractivo corporal sólo persiste mientras se observa el cuerpo superficialmente, captado a través de impresiones seleccionadas. Para neutralizar esta percepción, no basta con detenerse en esas impresiones; es necesario profundizar e inspeccionar el cuerpo con un escrutinio penetrante, fundamentado en el desapasionamiento.

Precisamente esto es lo que se emprende en la meditación sobre lo no atractivo, la cual invierte la marea de la sensualidad al privarla su apoyo perceptivo.

Esta meditación toma como objeto el propio cuerpo, ya que, para un neófito, no es recomendable partir del cuerpo de otra persona, especialmente el de un miembro del sexo opuesto, pues podría no lograr el resultado deseado.

Utilizando la visualización como herramienta, se disecciona mentalmente el cuerpo en sus componentes y se los examina uno por uno, sacando a la luz su naturaleza repulsiva. Los textos mencionan treinta y dos partes: pelos de la cabeza, pelos del cuerpo, uñas, dientes, piel, carne, tendones, huesos, médula, riñones, corazón, hígado, diafragma, bazo, pulmones, intestinos gruesos, intestino delgado, contenido del estómago, excrementos, cerebro, bilis, flema, pus, sangre, sudor, sebo, lágrimas, grasa, mocos, saliva, líquido sinovial y orina.

La repulsión de las partes implica lo mismo para el conjunto: visto de cerca, el cuerpo es verdaderamente poco atractivo, y su apariencia bella es un espejismo.

Sin embargo, el objetivo de esta meditación no debe malinterpretarse. No se trata de generar aversión o repugnancia, sino desapego: apagar el fuego de la lujuria privándolo de su combustible.[9]

La otra contemplación analítica se ocupa del cuerpo de una manera diferente. Esta meditación, llamada análisis de los elementos (*dhātuvavatthāna*), se propone contrarrestar nuestra tendencia innata a identificarnos con el cuerpo al exponer la naturaleza esencialmente impersonal del mismo. El medio que emplea, como su nombre lo indica, es la disección mental del cuerpo en los cuatro elementos primarios, a los que se refieren los nombres arcaicos "tierra, agua, fuego y aire", pero que en realidad significan los cuatro modos principales de comportamiento de la materia: solidez, fluidez, calor y oscilación.

El elemento tierra se ve más claramente en las partes sólidas del cuerpo: los órganos, los tejidos y los huesos; el elemento agua, en los fluidos corporales; el elemento de calor, en la temperatura del cuerpo; el elemento aire, en el proceso respiratorio. La ruptura con la identificación del cuerpo como "yo" o "mi yo" se efectúa mediante una ampliación de la perspectiva después de que los elementos han aparecido ante la vista.

Después de haber analizado el cuerpo en los elementos, se considera que los cuatro elementos, los aspectos principales de la existencia corporal, son esencialmente idénticos a los aspectos principales de la materia externa, con la que el cuerpo está en constante intercambio. Cuando uno se da cuenta vívidamente de esto a través de la meditación prolongada, deja de identificarse con el cuerpo, y deja de aferrarse a él. Uno ve que el cuerpo no es más que una configuración particular de procesos materiales cambiantes que apoyan una corriente de procesos mentales cambiantes. No hay nada aquí que pueda considerarse un yo verdaderamente existente, ni nada que pueda proporcionar una base sustancial para el sentido de identidad personal.[10]

El último ejercicio de atención plena del cuerpo es una serie de "meditaciones de cementerio": contemplaciones de la desintegración del cuerpo después de la muerte, que pueden realizarse imaginativamente, con la ayuda de imágenes, o mediante la confrontación directa con un cadáver. Por cualquiera de estos medios, uno obtiene una imagen mental clara de un cuerpo en descomposición, y luego aplica el proceso al propio cuerpo, considerando: "Este cuerpo, ahora tan lleno de vida, tiene la misma naturaleza y está sujeto al mismo destino. No puede escapar de la muerte, no puede escapar de la desintegración, pues finalmente debe morir y descomponerse".

Una vez más, el propósito de esta meditación no debe ser malinterpretado. El objetivo no es entregarse a una fascinación mórbida con la muerte y los cadáveres, sino romper nuestro aferramiento egoísta a la existencia con una contemplación lo suficientemente poderosa como para quebrar su control.

El aferramiento a la existencia subsiste a través de la suposición implícita de la permanencia. Ante la vista de un cadáver nos encontramos con el maestro que proclama sin ambigüedades: "Todo lo formado es transitorio".

(2) Contemplación de las sensaciones (*vedanānupassanā*)

El siguiente fundamento de la atención plena es la sensación (*vedanā*). La palabra "sensación" se usa aquí, no en el sentido de emoción (un fenómeno complejo que se incluye mejor bajo los fundamentos tercero y cuarto de la atención plena), sino en el sentido más estricto del tono afectivo o "cualidad hedónica" de la experiencia.

Esto puede ser de tres tipos, produciendo tres tipos principales de sensación: sensación agradable, sensación dolorosa [o desagradable] y sensación neutra. El Buda enseña que la sensación es un concomitante inseparable de la conciencia, ya que todo acto de conocer está teñido de algún tono afectivo.

Así, la sensación está presente en cada momento de la experiencia; puede ser fuerte o débil, clara o indistinta, pero alguna sensación debe acompañar siempre a la cognición. La sensación surge dependiendo de un evento mental llamado "contacto" (*phassa*). El contacto marca el "encuentro" de la conciencia con el objeto a través de una facultad sensorial; es el factor en virtud del cual la conciencia "toca" el objeto que se presenta a la mente a través del órgano de los sentidos.

Así, hay seis clases de contacto, que se distinguen por las seis facultades de los sentidos: contacto con el ojo, contacto con el oído, contacto con la nariz, contacto con la lengua, contacto corporal y contacto mental, así como seis clases de sensaciones que se distinguen por el contacto del que surgen.

La sensación adquiere una importancia especial como objeto de contemplación porque es la sensación la que generalmente desencadena la actividad de las impurezas latentes. Es posible que las sensaciones no se registren claramente, pero de maneras sutiles nutren y sostienen las disposiciones hacia estados malsanos.

Así, cuando surge una sensación placentera, caemos bajo la influencia de la impureza del deseo (avidez) y nos aferramos a ella. Cuando se produce una sensación dolorosa, respondemos con disgusto, odio y miedo, los cuales son aspectos de la aversión. Y cuando se produce una sensación neutra, generalmente no la notamos, o dejamos que nos adormezca con una falsa sensación de seguridad, es decir, los estados mentales gobernados por la ofuscación.

A partir de esto se puede ver que cada una de las impurezas raíces está condicionada por un tipo particular de sensación: la avidez por la sensación agradable, la aversión por la sensación dolorosa y la ofuscación por la sensación neutra.

Pero el vínculo entre las sensaciones y las impurezas no es necesariamente uno de necesidad. El placer no siempre tiene por qué conducir a la avidez, el dolor a la aversión, ni la sensación neutra a la ofuscación. El lazo entre ellos puede romperse, y un medio esencial para romperlo es la atención plena.

La sensación provocará una impureza solo cuando no se note, cuando se consienta en lugar de observarse. Al convertirla en un objeto de observación, la atención plena desactiva la sensación para que no pueda provocar una respuesta malsana.

Entonces, en lugar de relacionarnos con la sensación a través del hábito, es decir, mediante el apego, la repulsión o la apatía, nos relacionamos con ella por medio de la contemplación, utilizando la sensación como un trampolín para comprender la naturaleza de la experiencia. En las primeras etapas, la contemplación de las sensaciones implica prestar atención a las sensaciones que han surgido, observando sus cualidades distintivas: agradables, dolorosas o neutras. La sensación se nota sin identificarse con ella, sin tomarla como "yo", "mía" o algo que me sucede "a mí".

La conciencia se mantiene en el nivel de la atención desnuda: uno observa cada sensación que surge, viéndola como una mera sensación, un evento mental desnudo despojado de todas las referencias subjetivas y de todos los indicadores de un ego. La tarea consiste simplemente en anotar la calidad de la sensación, su tono de placer, dolor o neutralidad.

Pero a medida que la práctica avanza, y a medida que uno va anotando cada sensación, dejándola ir y anotando la siguiente, el foco de la atención cambia de las cualidades de las sensaciones al proceso mismo de sentir.

El proceso revela un flujo incesante de sensaciones que surgen y se disuelven, sucediéndose unas a otras sin detenerse. Dentro del proceso no hay nada duradero. La sensación misma no es más que una corriente de acontecimientos, una sucesión de ocasiones de sensación que surgen momento a momento, disolviéndose tan pronto como surgen.

Así comienza la comprensión de la transitoriedad, la cual, a medida que evoluciona, trastorna las tres raíces malsanas. No hay deseo por las sensaciones agradables, no hay aversión hacia las sensaciones dolorosas, no hay ofuscación respecto a las sensaciones neutras. Todas ellas son vistas como meros acontecimientos fugaces e insustanciales, desprovistos de cualquier disfrute verdadero o base para involucrarse con ellas.

(3) Contemplación de los estados de conciencia (*cittānupassanā*)

Con esta base de la atención plena pasamos de un factor mental particular, la sensación, al estado mental general al que pertenece ese factor. Para comprender lo que implica esta contemplación, es útil examinar la concepción budista de la mente.

Por lo general, pensamos que la mente es una facultad duradera que permanece idéntica a sí misma a través de la sucesión de experiencias. Aunque éstas cambian, la mente que las experimenta parece mantenerse igual, quizá con ciertas modificaciones, pero conservando su identidad.

Sin embargo, en las enseñanzas del Buda se rechaza la noción de un órgano mental permanente. La mente no se considera un sujeto duradero de pensamiento, sensación y volición, sino una secuencia de actos mentales momentáneos, cada uno distinto y discreto, cuyas conexiones entre sí son más causales que sustanciales.

Un solo acto de conciencia se llama *citta,* que traduciremos como "un estado de la mente" [o "un estado de conciencia"]. Cada *citta* consta de muchos componentes, el principal de los cuales es la conciencia misma, la experiencia básica del objeto. La conciencia también se llama *citta,* nombre que se da a la totalidad del ser por su parte principal.

Junto con la conciencia, cada *citta* contiene un conjunto de concomitantes llamados *cetasikas,* factores mentales. Estos incluyen la sensación, la percepción, la volición, las emociones, etc.; en resumen, todas las funciones mentales excepto el conocimiento primario del objeto, que es *citta* o conciencia.

Puesto que la conciencia en sí misma no es más que una mera experiencia de un objeto, no puede diferenciarse por su propia naturaleza, sino solo por medio de sus factores asociados, los *cetasikas.* Los *cetasikas* colorean *citta* y le dan su carácter distintivo; por lo tanto, cuando queremos identificar a *citta* como objeto de contemplación, tenemos que hacerlo utilizando los *cetasikas* como indicadores.

En su exposición de la contemplación del estado de la mente, el Buda menciona, refiriéndose a los *cetasikas,* dieciséis clases de *citta* a tener en cuenta: la mente con lujuria, la mente sin lujuria, la mente con aversión, la mente sin aversión, la mente con ofuscación, la mente sin ofuscación, la mente estrecha, la mente dispersa, la mente desarrollada, la mente subdesarrollada, la mente superable, la mente insuperable, la mente concentrada, la mente distraída, la mente liberada, la mente no liberada.

A efectos prácticos, al principio es suficiente centrarse únicamente en los primeros seis estados, observando si la mente está asociada con alguna de las raíces malsanas o libre de ellas. Cuando un *citta* en particular está presente, se contempla simplemente como un *citta*, un estado de la mente. No se identifica con el "yo" o con lo "mío", no se toma como un yo o como algo que pertenece a un yo.

Ya sea que se trate de un estado mental puro o impuro, un estado superior o inferior, no debe haber júbilo ni abatimiento, sino solo un claro reconocimiento del estado. El estado simplemente se anota, luego se deja pasar sin aferrarse a los deseables o resentir los indeseables.

A medida que la contemplación se profundiza, los contenidos de la mente se vuelven cada vez más sutiles. Los vuelos irrelevantes de pensamiento, imaginación y emoción disminuyen, la atención plena se vuelve más clara, y la mente permanece atentamente consciente, observando su propio proceso de devenir.

A veces, puede parecer que hay un observador persistente detrás del proceso, pero con la práctica continuada, incluso este observador aparente desaparece. La mente misma, aparentemente sólida y estable, se disuelve en una corriente de *cittas* que aparecen y desaparecen momento a momento, viniendo de ninguna parte y sin ir a ninguna parte, pero continuando en secuencia sin pausa.

(4) Contemplación de los fenómenos (*dhammānupassanā*)

En el contexto del cuarto fundamento de la atención plena, la palabra multisignificativa *dhammā* (aquí en plural) tiene dos significados interconectados, como muestra el relato del *sutta*. Uno de los significados es el de los *cetasikas*, los factores mentales, que ahora son atendidos por derecho propio, aparte de su papel de dar color al estado mental, como se hizo en la contemplación anterior.

El otro significado son los elementos de la actualidad, los constituyentes últimos de la experiencia tal como está estructurada en la enseñanza del Buda. Para transmitir ambos sentidos traducimos *dhammā* como "fenómenos", a falta de una mejor alternativa.

Pero cuando lo hacemos, esto no debe interpretarse en el sentido de que implica la existencia de algún noúmeno o sustancia detrás de los fenómenos. El punto de la enseñanza del Buda de *anattā*, la ausencia de ego es que los constituyentes básicos de la realidad son fenómenos desnudos (*suddhadhammā*), que suceden sin depender de ninguna realidad oculta o trascendental.

La sección del *sutta* sobre la contemplación de los fenómenos se divide en cinco subsecciones, cada una dedicada a un conjunto diferente de fenómenos: los cinco impedimentos, los cinco agregados, las seis bases sensoriales internas y externas, los siete factores de la iluminación y las Cuatro Nobles Verdades.

Entre estos, los cinco impedimentos y los siete factores de la iluminación son *dhammā* en el sentido más estricto de factores mentales, los otros son *dhammā* en el sentido más amplio de constituyentes de la actualidad. (En la tercera sección, sin embargo, sobre las bases de los sentidos, hay una referencia a los encadenamientos que surgen a través de los sentidos; estos también pueden incluirse entre los factores mentales).

En el presente capítulo nos ocuparemos brevemente solo de los dos grupos que pueden ser considerados como *dhammā* en el sentido de factores mentales. Ya hemos hablado de ambos en relación con el esfuerzo correcto (cap. V); ahora los consideraremos en conexión específica con la práctica de la atención plena correcta.

Discutiremos los otros tipos de *dhammā* —los cinco agregados y las seis bases sensoriales— en el capítulo final, en relación con el desarrollo de la sabiduría.

Los cinco impedimentos y los siete factores de la iluminación requieren especial atención porque son los principales obstáculos y ayudas para la liberación.

Los impedimentos —el deseo sensorial, la aversión, el embotamiento y la somnolencia, la inquietud y la preocupación, y la duda— generalmente se manifiestan en una etapa temprana de la práctica, poco después de que las expectativas iniciales y las perturbaciones burdas disminuyen, y las tendencias sutiles encuentran la oportunidad de salir a la superficie.

Siempre que surja uno de los impedimentos, se debe notar su presencia; luego, cuando se desvanezca, se debe tomar nota de su desaparición. Para asegurar que los impedimentos se mantengan bajo control, se necesita un elemento de comprensión: tenemos que entender cómo surgen, cómo se pueden eliminar y cómo se puede evitar que vuelvan a surgir en el futuro.[11] Un modo similar de contemplación se aplicará a los siete factores de la iluminación: atención plena, investigación, energía, gozo, tranquilidad, concentración y ecuanimidad. Cuando surge cualquiera de estos factores, se debe tener en cuenta su presencia. Luego, después de notar su presencia, uno debe investigar para descubrir cómo surge y cómo se puede madurar.[12] Cuando brotan por primera vez, los factores de la iluminación son débiles, pero con el cultivo constante acumulan fuerza.

La atención plena inicia el proceso contemplativo. Cuando está bien establecida, despierta la investigación, la calidad de sondeo de la inteligencia. La investigación, a su vez, provoca energía, la energía da lugar al gozo, el gozo conduce a la tranquilidad, la tranquilidad a la concentración unificada y la concentración a la ecuanimidad.

Por lo tanto, todo el curso evolutivo de la práctica que conduce a la iluminación comienza con la atención plena, que permanece en todo momento como el poder regulador que asegura que la mente se mantenga clara, consciente y equilibrada.

VII

Concentración correcta
(*Sammā samādhi*)

El octavo factor del sendero es la concentración correcta, en pāli *sammā samādhi*. La concentración representa una intensificación de un factor mental presente en todos los estados de conciencia. Este factor, la unificación mental (*citt'ekaggatā*), tiene la función de unificar los otros factores mentales en la tarea de la cognición. Es el factor responsable del aspecto individualizador de la conciencia, asegurando que cada *citta* o acto de la mente permanezca centrado en su objeto.

En un momento dado, la mente debe ser consciente de algo: una imagen, un sonido, un olor, un sabor, un tacto o un objeto mental. El factor de la unificación mental unifica la mente y sus otros concomitantes en la tarea de conocer el objeto, al mismo tiempo que ejerce la función de centrar todos los constituyentes del acto cognitivo en él.

La unificación mental explica el hecho de que, en cualquier acto de conciencia, hay un punto central de enfoque, hacia el cual apunta todo el dato objetivo, desde sus periferias exteriores hasta su núcleo interno.

Sin embargo, el *samādhi* es sólo un tipo particular de unificación; no es equivalente a la unificación en su totalidad. Un gourmet sentado a comer, un asesino a punto de matar a su víctima, un soldado en el campo de batalla... todos estos actúan con una mente concentrada, pero su concentración no puede ser caracterizada como *samādhi*.

Samādhi es exclusivamente una unificación saludable, la concentración en un estado mental virtuoso. Aun así, su alcance es aún más restringido: no significa toda forma de concentración saludable, sino únicamente la concentración intensificada que resulta de un intento deliberado de elevar la mente a un nivel más alto y purificado de conciencia.

Los comentarios definen *samādhi* como el acto de centrar la mente y los factores mentales correcta y uniformemente en un objeto. *Samādhi,* como la concentración saludable, reúne la corriente ordinariamente dispersa y disipada de los estados mentales para inducir una unificación interior.

Las dos características sobresalientes de una mente concentrada son la atención ininterrumpida a un objeto y la consiguiente tranquilidad de las funciones mentales, cualidades que la distinguen de la mente no concentrada. La mente, no entrenada en la concentración, se mueve de una manera dispersa, que el Buda compara con el aleteo de un pez sacado del agua y arrojado a tierra firme. No puede permanecer fija, sino que salta de idea en idea, de pensamiento en pensamiento, sin control interno.

Una mente tan distraída es también una mente ofuscada. Abrumada por preocupaciones e inquietudes, presa constante de las impurezas, ve las cosas solo en fragmentos, distorsionadas por las ondas de los pensamientos aleatorios. Pero la mente que ha sido entrenada en la concentración, por el contrario, puede permanecer enfocada en su objeto sin distracciones.

Esta libertad respecto a la distracción induce aún más una suavidad y serenidad que hacen de la mente un instrumento eficaz para la penetración. Al igual que un lago que no se agita con ninguna brisa, la mente concentrada es un fiel reflejo, que muestra lo que se le presenta exactamente tal como es.

El desarrollo de la concentración

La concentración puede desarrollarse a través de cualquiera de dos métodos: como el objetivo de un sistema de práctica dirigido expresamente hacia el logro de la concentración profunda en el nivel de absorción, o como el acompañamiento incidental del camino destinado a generar comprensión.

El primer método se llama el desarrollo de la serenidad (*samatha bhāvanā*), el segundo, el desarrollo de conocimiento introspectivo (*vipassanā bhāvanā*). Ambos caminos comparten ciertos requisitos preliminares. Para ambos, la disciplina moral debe ser purificada, los diversos impedimentos deben ser eliminados, el meditador debe buscar la instrucción adecuada (preferiblemente de un maestro personal) y elegir a una vivienda propicia para la práctica.

Una vez que se ha prescindido de estos preliminares, el meditador que sigue el camino de la serenidad tiene que obtener un objeto de meditación, algo que se utilice como punto focal para desarrollar la concentración.[1] Si el meditador tiene un maestro calificado, este probablemente le asignará un objeto que se considere apropiado para su temperamento. Si no tiene un maestro, tendrá que seleccionar un objeto por sí mismo, tal vez después de un poco de experimentación.

Los manuales de meditación agrupan los temas de la meditación de serenidad en un conjunto de cuarenta, llamados "lugares de trabajo" (*kammaṭṭhāna*) ya que son los lugares donde el meditador realiza el trabajo de práctica.

Los cuarenta pueden enumerarse de la siguiente manera:

diez *kasiṇas*
diez objetos no atractivos (*dasa asubhā*)
diez remembranzas (*dasa anussatiyo*)
cuatro moradas sublimes (*cattāro brahmavihārā*)
cuatro estados inmateriales (*cattāro āruppā*)
una percepción (*ekā saññā*)
un análisis (*eka vavaṭṭhāna*).

Los *kasiṇas* son dispositivos que representan ciertas cualidades primordiales. Cuatro representan los elementos primarios: los *kasiṇas* de tierra, agua, fuego y aire; cuatro representan colores: los *kasiṇas* azul, amarillo, rojo y blanco; y los otros dos son los *kasiṇas de luz y espacio*.

Cada *kasiṇa* es un objeto concreto representativo de la cualidad universal que significa. Así, un *kasiṇa de tierra* sería un disco circular lleno de arcilla. Para desarrollar la concentración en el *kasiṇa de tierra*, el meditador coloca el disco frente a él, fija su mirada en este y contempla "tierra, tierra". Un método similar se usa para los otros *kasiṇas*, con cambios apropiados para adaptarse al caso.

Los diez "objetos poco atractivos" son cadáveres en diferentes estados de descomposición. Este tema parece similar a la contemplación de la descomposición corporal en la atención plena del cuerpo, y de hecho en la antigüedad se recomendaba el campo de cremación como el lugar más apropiado para ambos.

Pero las dos meditaciones difieren en el énfasis. En el ejercicio de atención plena, el énfasis recae en la aplicación del pensamiento reflexivo, la visión del cadáver en descomposición sirve como estímulo para la consideración de la propia muerte y desintegración eventuales. En la meditación con los objetos poco atractivos, por el contrario, se desalienta el uso del pensamiento reflexivo. En cambio, el énfasis recae en la fijación mental en un solo punto del objeto, cuanto menos se piense, mejor.

Las diez remembranzas forman una colección miscelánea. Las tres primeras son meditaciones devocionales sobre las cualidades de la Triple Gema: el Buda, el *Dhamma* y el *Saṅgha*; las cuales utilizan como base fórmulas estándar que han llegado en los *suttas*.

Las siguientes tres remembranzas también se basan en fórmulas antiguas: las meditaciones sobre la moralidad, la generosidad y el potencial de cualidades divinas en uno mismo. Luego viene la atención plena en la muerte, la contemplación de la naturaleza poco atractiva del cuerpo, la atención plena en la respiración y, por último, la remembranza de la paz, una meditación discursiva sobre *Nibbāna*.

Los cuatro estados sublimes o "moradas divinas" son las actitudes sociales orientadas hacia los demás —la bondad amorosa, la compasión, la alegría apreciativa y la ecuanimidad— que se desarrollan en radiaciones universales que se extienden gradualmente en su alcance hasta abarcar a todos los seres vivientes.

Los cuatro estados inmateriales son las bases objetivas para ciertos niveles profundos de absorción: la base del espacio ilimitado, la base de la conciencia ilimitada, la base de la nada y la base de la ni percepción, ni no percepción. Estos se vuelven accesibles como objetos únicamente para aquellos que ya son expertos en la concentración. La "percepción única" es la percepción de lo repulsivo de la comida, un tema discursivo destinado a reducir el apego a los placeres del paladar. El "análisis único" es la contemplación del cuerpo en términos de los cuatro elementos primarios, tema que ya se ha discutido en el capítulo sobre la atención plena correcta.

Cuando se presenta tal variedad de temas de meditación, el aspirante a meditador sin un maestro puede quedar perplejo sobre cuál elegir. Los manuales dividen los cuarenta temas de acuerdo con su idoneidad para los diferentes tipos de personalidad.

Así, los objetos no atractivos y la contemplación de las partes del cuerpo se juzgan como los más adecuados para un tipo con tendencia lujuriosa, la meditación sobre la bondad amorosa como la mejor para un tipo propenso a la aversión, la meditación sobre las cualidades de la Triple Gema como la más eficaz para un tipo devocional, etc. Pero para fines prácticos, generalmente se aconseja al principiante en meditación que comience con un tema simple que ayude a reducir el pensamiento discursivo. La distracción mental causada por la inquietud y los pensamientos dispersos es un problema común que enfrentan las personas de todos los tipos de carácter; por lo tanto, un meditador de cualquier temperamento puede beneficiarse de un tema que promueve una desaceleración y un aquietamiento del proceso de pensamiento.

El tema generalmente recomendado por su eficacia para despejar la mente de pensamientos dispersos es la atención plena en la respiración, que por lo tanto puede sugerirse como el tema más adecuado para principiantes y veteranos que buscan un enfoque directo hacia una concentración profunda.

Una vez que la mente se calma y los patrones de pensamiento se vuelven más fáciles de notar, uno puede empezar a usar otros temas para lidiar con los problemas especiales que surgen: la meditación sobre la bondad amorosa puede usarse para contrarrestar la ira y la malevolencia, la atención plena de las partes del cuerpo para debilitar la lujuria sensual, la remembranza del Buda para inspirar fe y devoción, la meditación sobre la muerte para despertar un sentido de urgencia.

La capacidad de seleccionar el tema apropiado para la situación requiere habilidad, pero esta habilidad evoluciona a través de la práctica, a menudo mediante una simple experimentación basada en prueba y error.

Las etapas de la concentración

La concentración no se logra de inmediato, sino que se desarrolla por etapas. Para permitir que nuestra exposición abarque todas las etapas de la concentración, consideraremos el caso de un meditador que sigue todo el camino de la meditación de la serenidad, desde el principio hasta el final, y que progresará mucho más rápido de lo que probablemente logre el meditador típico.

Después de recibir su tema de meditación de un maestro, o de seleccionarlo por su cuenta, el meditador se retira a un lugar tranquilo. Allí asume la postura correcta de meditación: las piernas cruzadas cómodamente, la parte superior del cuerpo recta y erguida, las manos colocadas una encima de la otra en el regazo, la cabeza firme, la boca y los ojos cerrados (a menos que se use un *kasiṇa* u otro objeto visual), y la respiración fluyendo de manera natural y regular a través de las fosas nasales.

Luego enfoca su mente en el objeto y trata de mantenerlo allí, fija y alerta. Si la mente se desvía, debe darse cuenta de esto rápidamente, captarla y devolverla suave pero firmemente al objeto, repitiendo el proceso tantas veces como sea necesario. Esta etapa inicial se denomina concentración preliminar (*parikamma-samādhi*) y el objeto el signo preliminar (*parikamma-nimitta*).

Una vez que la emoción inicial disminuye y la mente comienza a establecerse en la práctica, es probable que surjan los cinco impedimentos, burbujeando desde lo profundo. A veces aparecen como pensamientos, a veces como imágenes, a veces como emociones obsesivas: oleadas de deseo, ira y resentimiento, pesadez mental, agitación, dudas.

Los impedimentos representan una barrera formidable, pero con paciencia y esfuerzo sostenido pueden superarse. Para conquistarlos, el meditador tendrá que ser hábil. A veces, cuando un obstáculo en particular se vuelve fuerte, puede tener que dejar de lado su tema principal de meditación y ocuparse de otro tema expresamente opuesto al obstáculo. En otras ocasiones, tendrá que persistir con su tema principal a pesar de los baches en el camino, volviendo a él una y otra vez.

A medida que avanza esforzándose por el camino de la concentración, su esfuerzo activa cinco factores mentales que acuden en su ayuda. Estos factores están presentes de manera intermitente en la conciencia ordinaria no dirigida, pero carecen de un vínculo unificador y, por lo tanto, no juegan ningún papel especial. Sin embargo, cuando se activan mediante el trabajo de la meditación, estos cinco factores adquieren poder, se integran entre sí y dirigen la mente hacia el *samādhi*, que los gobernará como los "factores de *jhāna*", los factores de absorción (*jhānaṅga*).

Expresados en su orden habitual, los cinco son: aplicación mental inicial (*vitakka*), exploración mental sostenida (*vicāra*), gozo (*pīti*), felicidad (*sukha*) y unificación (*ekaggatā*).

La *aplicación mental inicial* realiza el trabajo de dirigir la mente hacia el objeto, de la misma manera que se clava un clavo en un bloque de madera.

Una vez hecho esto, la *exploración mental sostenida* ancla la mente en el objeto, manteniéndolo allí a través de su función de examen. Para aclarar la diferencia entre estos dos factores, la aplicación mental inicial se compara con el golpeteo de una campana, la exploración mental sostenida a las reverberaciones de la campana.

El *gozo*, el tercer factor, es el deleite y la alegría que acompañan a un interés positivo en el objeto, mientras que la *felicidad*, el cuarto factor, es la sensación placentera que acompaña a la concentración exitosa. Dado que el gozo y la felicidad comparten cualidades similares, tienden a confundirse entre sí, pero los dos no son idénticos.

La diferencia entre ellos se ilustra comparando el gozo con la alegría de un viajero exhausto en el desierto que ve un oasis a lo lejos, y la felicidad, con su placer al beber del estanque y descansar a la sombra.

El quinto y último factor de absorción es la *unificación*, que tiene la función fundamental de unificar la mente en el objeto.[2]

Cuando se desarrolla la concentración, estos cinco factores surgen y contrarrestan los cinco impedimentos. Cada factor de absorción se opone a un obstáculo particular.

La aplicación mental inicial, a través de su trabajo de elevar la mente hacia el objeto, contrarresta el embotamiento y la somnolencia. La exploración mental sostenida, al anclar la mente en el objeto, ahuyenta la duda. El gozo cierra la puerta a la aversión, la felicidad excluye la inquietud y la preocupación, y la unificación contrarresta el deseo sensorial, el aliciente más seductor para la distracción.

Por lo tanto, con el fortalecimiento de los factores de absorción, los impedimentos se desvanecen y desaparecen. Todavía no han sido erradicados —la erradicación solo puede ser efectuada mediante la sabiduría, la tercera división del sendero—, pero han sido reducidos a un estado de quietud en el que no pueden interrumpir el avance de la concentración.

Al mismo tiempo que los impedimentos están siendo superados por los factores *jhánicos* hacia el interior, también en el lado del objeto, están ocurriendo ciertos cambios.

El objeto original de la concentración, el signo preliminar, es un objeto físico burdo; en el caso de un *kasiṇa*, es un disco que representa el elemento o color elegido, en el caso de la atención plena de la respiración, la sensación táctil de la respiración, etc. Pero con el fortalecimiento de la concentración, el objeto original da lugar a otro objeto llamado el "signo de aprendizaje" (*uggaha-nimitta*). Para un *kasiṇa*, éste será una imagen mental del disco vista en la mente tan claramente como lo era el objeto original con los ojos; para la respiración, será una imagen reflejada, surgida de la sensación táctil de las corrientes de aire moviéndose alrededor de las fosas nasales. Cuando aparece el signo de aprendizaje, el meditador deja el signo preliminar y fija su atención en el nuevo objeto. A su debido tiempo, otro objeto emergerá del signo de aprendizaje. Este objeto, llamado el "signo de contraparte" (*paṭibhāga-nimitta*), es una imagen mental purificada muchas veces más brillante y clara que el signo de aprendizaje.

El signo de aprendizaje se compara con la luna vista detrás de una nube, el signo de contraparte con la luna liberada de la nube. Simultáneamente con la aparición del signo de contraparte, los cinco factores de absorción surgen y suprimen los cinco impedimentos, y la mente entra en la etapa de concentración llamada *upacāra-samādhi*, "concentración de acceso".

Aquí, en la concentración de acceso, la mente se acerca a la absorción. Ha entrado en la "vecindad" (un posible significado de *upacāra*) de la absorción, pero aún se necesita más trabajo para que se funda completamente con el objeto, la marca definitoria de la absorción.

Con más práctica, los factores de concentración ganan fuerza y llevan a la mente a la absorción (*appanā-samādhi*). Al igual que la concentración de acceso, la absorción toma el signo de contraparte como objeto.

Los dos estadios de concentración no se diferencian ni por la ausencia de los obstáculos ni por el signo homólogo como objeto; estos son comunes a ambos. Lo que los diferencia es la fuerza de los factores que componen el *jhāna*. En la concentración de acceso, los factores *jhánicos* están presentes, pero carecen de fuerza y estabilidad. Así, la mente en esta etapa se compara con la de un niño que acaba de aprender a caminar: da unos pasos, se cae, se levanta, camina un poco más y vuelve a caer. Pero la mente absorta es como un adulto que quiere caminar: simplemente se levanta y camina hacia adelante sin vacilación.

La concentración en la etapa de absorción se divide en ocho niveles, cada uno marcado por una mayor profundidad, pureza y sutileza que su predecesor. Los primeros cuatro forman un conjunto llamado los cuatro *jhānas*, término que es preferible no traducir por falta de un equivalente adecuado, aunque puede traducirse vagamente como "absorción meditativa".[3] Los segundos cuatro también forman un conjunto, los cuatro estados inmateriales (*arūppā*).

Los ocho deben ser alcanzados en orden progresivo, el logro de cualquier nivel posterior depende del dominio del nivel inmediatamente anterior.

Los cuatro *jhānas* constituyen la definición textual usual de la concentración correcta. Así dice el Buda:

"¿Y qué, monjes, es la concentración correcta? Aquí, apartado de los placeres de los sentidos, apartado de los estados malsanos, un monje entra y mora en el primer *jhāna*, que está acompañado por la aplicación mental inicial y exploración mental sostenida y posee gozo y felicidad nacidos de la reclusión.

Luego, con el abatimiento de la aplicación mental inicial y la exploración mental sostenida, al obtener confianza interna y unificación mental, entra y mora en el segundo *jhāna*, que está libre de aplicación mental inicial y exploración mental sostenida, pero está lleno de gozo y felicidad nacidos de la concentración.

Con el desvanecimiento del éxtasis, mora en ecuanimidad, atento y con comprensión clara; y experimenta en su propia persona esa dicha de la que los nobles declaran: "Vive felizmente aquel que es ecuánime y plenamente atento"—así entra y mora en el tercer *jhāna*.

Con el abandono del placer y el dolor y con la previa desaparición de la alegría y la pena, él entra y mora en el cuarto *jhāna*, el cual tiene *ni placer ni dolor* y pureza de atención plena debida a la ecuanimidad.

Esto, monjes, es la concentración correcta".[4]

Los *jhānas* se distinguen por medio de sus factores componentes. El primer *jhāna* está constituido por el conjunto original de cinco factores de absorción: aplicación mental inicial, exploración mental sostenida, gozo, felicidad y unificación.

Después de alcanzar el primer *jhāna*, se aconseja al meditador que lo domine. Por un lado, no debe caer en la complacencia por sus logros y descuidar la práctica continua; por otro lado, no debe confiarse demasiado y apresurarse a alcanzar el próximo *jhāna*. Para dominar el *jhāna*, debe entrar en él repetidamente y perfeccionar su habilidad hasta que pueda alcanzarlo, permanecer en él, emerger de él y revisarlo sin ningún problema o dificultad. Después de dominar el primer *jhāna*, el meditador se da cuenta de que su logro tiene ciertos defectos. Aunque el *jhāna* es ciertamente muy superior a la conciencia sensorial ordinaria, más pacífica y dichosa, todavía se encuentra cerca de la conciencia sensorial y no está lejos de los impedimentos.

Además, dos de sus factores, la aplicación mental inicial y la exploración mental sostenida, con el tiempo parecen ser bastante toscos, no tan refinados como los otros factores. Entonces el meditador renueva su práctica de concentración con la intención de superar la aplicación mental inicial y la exploración mental sostenida. Cuando sus facultades maduran, estos dos factores disminuyen y entra en el segundo *jhāna*.

Este *jhāna* contiene solo tres factores componentes: gozo, felicidad y unificación. También contiene una multiplicidad de otros constituyentes, el más prominente de los cuales es la confianza de la mente.

En el segundo *jhāna*, la mente se vuelve más tranquila y más completamente unificada, pero cuando se domina, incluso este estado parece burdo, ya que incluye el gozo, un factor estimulante que tiende a provocar excitación.

De modo que el meditador emprende de nuevo su curso de entrenamiento, esta vez resuelto a vencer el gozo. Cuando el gozo se desvanece, entra en el tercer *jhāna*. Aquí solo hay dos factores de absorción, la felicidad y la unificación, mientras que algunos otros estados auxiliares se intensifican, sobre todo la atención plena, la comprensión clara y la ecuanimidad.

Pero aun así, el meditador ve que este logro es defectuoso en el sentido de que contiene la sensación de felicidad, la cual resulta burda en comparación con la sensación neutra, que es ni agradable, ni desagradable. Por lo tanto, se esfuerza por ir más allá incluso de la sublime felicidad del tercer *jhāna*.

Cuando tiene éxito, entra en el cuarto *jhāna*, que se define por dos factores: la concentración y la sensación neutra, y posee una pureza especial de atención plena debido al alto nivel de ecuanimidad.

Más allá de los cuatro *jhānas* yacen los cuatro estados inmateriales, niveles de absorción en los que la mente trasciende incluso la percepción más sutil de las imágenes visualizadas, que aún persiste a veces en los *jhānas*.

Los estados inmateriales se alcanzan no refinando los factores mentales, como ocurre en los *jhānas*, sino refinando los objetos, reemplazando un objeto relativamente burdo por uno más sutil.

Los cuatro logros llevan el nombre de sus respectivos objetos: la base del espacio ilimitado, la base de la conciencia ilimitada, la base de la nada y la base de la ni percepción, ni no percepción.[5]

Estos estados representan niveles de concentración tan sutiles y remotos que eluden una explicación verbal clara. El último de los cuatro se encuentra en la cúspide de la concentración mental; es el grado absoluto y máximo de unificación posible para la conciencia.

Pero aun así, estas absorciones alcanzadas por el camino de la meditación de la serenidad, por muy exaltadas que sean, todavía carecen de la sabiduría del conocimiento introspectivo, y por lo tanto, no son suficientes para obtener la liberación.

Los tipos de concentración discutidos hasta ahora surgen al fijar la mente en un solo objeto, excluyendo otros. Sin embargo, además de estas, hay otro tipo de concentración que no depende de restringir el rango de la conciencia. A esto se le llama "concentración momentánea" (*khaṇika-samādhi*).

Para desarrollar la concentración momentánea, el meditador no intenta deliberadamente excluir la multiplicidad de fenómenos de su campo de atención. En su lugar, simplemente dirige la atención plena a los estados cambiantes de la mente y el cuerpo, observando cualquier fenómeno que se presente; la tarea consiste en mantener una conciencia continua de lo que entra en el rango de percepción, sin aferrarse a nada.

A medida que avanza en su anotación, la concentración se fortalece momento tras momento hasta establecerse en un solo punto dentro de la corriente cambiante de los acontecimientos. A pesar de la variación en el objeto, la unificación mental permanece constante y, con el tiempo, adquiere una fuerza capaz de suprimir los impedimentos en un grado igual al de la concentración de acceso.

Esta concentración fluida y móvil se desarrolla mediante la práctica de los cuatro fundamentos de la atención plena, llevada a cabo a lo largo del camino de la introspección. Cuando es lo suficientemente fuerte, facilita la transición hacia la última etapa del camino: el surgimiento de la sabiduría.

VIII

El desarrollo de la sabiduría

Aunque la concentración correcta reclama el último lugar entre los factores del Noble Óctuple Sendero, esta no marca la culminación del sendero. El logro de la concentración hace que la mente esté quieta y estable, unifica sus concomitantes, abre vastas perspectivas de dicha, serenidad y poder. Pero por sí sola no es suficiente para alcanzar el logro más elevado, la liberación de las ataduras del sufrimiento. Alcanzar el fin del sufrimiento exige que el Óctuple Sendero se convierta en un instrumento de descubrimiento, utilizándose para generar las percepciones que revelan la verdad última de las cosas. Esto requiere las contribuciones combinadas de los ocho factores y, por lo tanto, una nueva movilización de la comprensión e intención correctas. Hasta el presente, estos dos primeros factores de la trayectoria solo han desempeñado una función preliminar; ahora deben ser retomados y elevados a un nivel superior.

La comprensión correcta ha de convertirse en una visión directa de la naturaleza real de los fenómenos, que antes se captaba únicamente de forma conceptual; mientras que la intención correcta debe transformarse en una verdadera renuncia a las impurezas, nacida de una profunda comprensión.

Antes de pasar al desarrollo de la sabiduría, será útil indagar por qué la concentración no es adecuada para el logro de la liberación. La concentración no es suficiente para alcanzar la liberación porque no logra tocar las impurezas en su nivel fundamental.

El Buda enseña que las impurezas están estratificadas en tres niveles: el nivel de tendencia latente, el nivel de manifestación y el nivel de transgresión. El más profundamente arraigado es el nivel de tendencia latente (*anusaya*), donde una impureza simplemente permanece latente sin mostrar ninguna actividad. El segundo nivel es el nivel de manifestación (*pariyuṭṭhāna*), donde una impureza, debido al impacto de algún estímulo, surge en forma de pensamientos malsanos, emociones y voliciones.

Luego, en el tercer nivel, la impureza va más allá de una manifestación puramente mental para motivar alguna acción malsana del cuerpo o del habla. Por lo tanto, este nivel se denomina el nivel de transgresión (*vītikkama*).

Las tres divisiones del Noble Óctuple Sendero proporcionan el freno contra esta triple estratificación de las impurezas. En primer lugar, el entrenamiento en la disciplina moral restringe la actividad corporal y verbal malsana y así evita que las impurezas alcancen el nivel de transgresión.

El entrenamiento en la concentración proporciona la salvaguardia contra el nivel de manifestación. Elimina las impurezas ya manifiestas y protege la mente de su continua influencia. Pero aun cuando la concentración pueda profundizarse hasta las más altas absorciones, no puede tocar la fuente básica de la aflicción: las tendencias latentes que permanecen en el continuo mental.

Frente a ellas la concentración es impotente, ya que para erradicarlas se requiere algo más que calma mental. Lo que se necesita, más allá de la compostura y la serenidad de la mente unificada, es sabiduría (*paññā*), una visión penetrante de los fenómenos en su modo fundamental de ser.

Solo la sabiduría puede cortar las tendencias latentes de raíz, porque el miembro más fundamental del conjunto, el que nutre a los demás y los mantiene en su lugar, es la ignorancia (*avijjā*), y la sabiduría es el remedio para la ignorancia.

Aunque su definición verbal es negativa, es decir, "no saber", la ignorancia no es una negación fáctica, ni una mera privación del conocimiento correcto. Es, más bien, un factor mental insidioso y volátil que trabaja incesantemente y se infiltra en todos los compartimentos de nuestra vida interior.

Distorsiona la cognición, domina la volición y determina todo el tono de nuestra existencia. Como dice el Buda:

"El elemento de la ignorancia es, en efecto, un elemento poderoso" (SN 14:13).

En el nivel cognitivo, que es su esfera más básica de operación, la ignorancia se infiltra en nuestras percepciones, pensamientos y puntos de vista, de modo que llegamos a malinterpretar nuestra experiencia, superponiéndole múltiples estratos de distorsión o perversión [*vipallāsa*].

Las más importantes de estas perversiones son tres: la perversión de ver permanencia en lo transitorio, la de ver satisfacción en lo insatisfactorio y la de ver un yo en lo impersonal.[1] Por lo tanto, nos consideramos a nosotros mismos y a nuestro mundo como entidades sólidas, estables y duraderas, a pesar de los recordatorios omnipresentes de que todo está sujeto a cambio y destrucción. Asumimos que tenemos un derecho innato al placer, y dirigimos nuestros esfuerzos hacia aumentar e intensificar nuestro disfrute con un fervor anticipatorio, imperturbables ante los repetidos encuentros con el dolor, la decepción y la frustración. Y nos percibimos a nosotros mismos como egos autónomos, aferrados a las diversas ideas e imágenes que nos formamos de nosotros mismos como la verdad incuestionable de nuestra identidad.

Mientras que la ignorancia oscurece la verdadera naturaleza de las cosas, la sabiduría disipa los velos de la distorsión, permitiéndonos ver los fenómenos en su modo fundamental de ser con la vivacidad de la percepción directa.

El entrenamiento en sabiduría se centra en el desarrollo del conocimiento introspectivo (*vipassanā-bhāvanā*), una visión profunda e integral de la naturaleza de la existencia que comprende la verdad de nuestro ser en la única esfera donde nos es directamente accesible, es decir, en nuestra propia experiencia.

Normalmente estamos inmersos en nuestra experiencia, tan identificados con ella que no la comprendemos. La vivimos, pero no logramos entender su naturaleza. Debido a esta ceguera, la experiencia termina siendo malinterpretada, deformada por los delirios de la permanencia, el placer y el *yo*.

De estas distorsiones cognitivas, la más profundamente arraigada y resistente es la ilusión del yo, la idea de que en el centro de nuestro ser existe un *yo* verdaderamente establecido con el que estamos esencialmente identificados.

El Buda enseña que esta noción del yo es un error, una mera suposición carente de un referente real. Sin embargo, aunque sea una mera suposición, la idea del yo no es intrascendente. Al contrario, conlleva consecuencias que pueden ser calamitosas.

Debido a que hacemos de la noción del yo el punto de observación desde el cual examinamos el mundo, nuestras mentes dividen todo en las dualidades de yo y *no yo*, lo que es *mío* y lo que *no es mío*. Entonces, atrapados en estas dicotomías, somos víctimas de las impurezas que engendran, de los impulsos de aferrarnos y destruir, y finalmente del sufrimiento que inevitablemente sigue.

Para liberarnos de todas las impurezas y sufrimientos, la ilusión de individualidad que los sustenta tiene que ser disipada, destruida por la realización del *no yo*. Esta es, precisamente, la tarea asignada al desarrollo de la sabiduría.

El primer paso en el camino del desarrollo es analítico. Para desarraigar la visión del yo, el campo de la experiencia tiene que ser dividido en ciertos conjuntos de factores, que luego son investigados metódicamente para asegurarse de que ninguno de ellos, por sí solo o en combinación, puede ser tomado como un yo.

Este tratamiento analítico de la experiencia, tan característico de los niveles superiores de la psicología filosófica budista no pretende sugerir que la experiencia, como un reloj o un automóvil, pueda reducirse a un conglomerado accidental de partes separables.

La experiencia tiene una unidad irreductible, pero esta unidad es funcional más que sustancial; no requiere el postulado de un yo unificador, separado de los factores, que conserve su identidad como una constante en medio del flujo incesante.

El método de análisis que se aplica con mayor frecuencia es el de los cinco agregados del apego (*pañc'upādānakkhandhā*): forma material, sensación, percepción, formaciones mentales y conciencia.[2]

La forma material constituye el lado físico de la existencia: el organismo corporal con sus facultades sensoriales y los objetos externos del conocimiento. Los otros cuatro agregados constituyen el lado mental.

La sensación proporciona el tono afectivo, la percepción actúa como el factor de notar e identificar, las formaciones mentales incluyen los elementos volitivos y emotivos, y la conciencia representa la conciencia básica esencial para cada ocasión de la experiencia.

El análisis a través de los cinco agregados allana el camino para un intento de ver la experiencia únicamente en términos de sus factores constitutivos, sin deslizar referencias implícitas a un yo inexistente.

Obtener esta perspectiva requiere el desarrollo de una atención intensiva en la práctica de la atención plena, ahora aplicada al cuarto fundamento, la contemplación de los fenómenos de la existencia (*dhammānupassanā*). El discípulo morará contemplando los cinco agregados, su surgimiento y su cese:

"El discípulo mora en la contemplación de los fenómenos, es decir, de los cinco agregados del apego. Sabe qué es la forma material, cómo surge, cómo cesa; sabe qué es la sensación, cómo surge, cómo cesa; sabe qué es la percepción, cómo surge, cómo cesa; sabe qué son las formaciones mentales, cómo surgen, cómo cesan; sabe qué es la conciencia, cómo surge, cómo cesa".[3]

O bien, el discípulo puede basar su contemplación en las seis esferas internas y externas de la experiencia sensorial, es decir, las seis facultades sensoriales y sus objetos correspondientes, tomando nota también de los "encadenamientos" o impurezas que surgen de tales contactos sensoriales:

"El discípulo mora en la contemplación de los fenómenos, es decir, de las seis bases sensoriales internas y externas. Conoce el ojo y las formas, el oído y los sonidos, la nariz y los olores, la lengua y los sabores, el cuerpo y las cosas tangibles, la mente y los objetos mentales; y conoce también el encadenamiento que surge en dependencia de ellos. Entiende cómo surge el encadenamiento que aún no ha surgido, cómo se abandona el encadenamiento surgido y cómo el encadenamiento abandonado no vuelve a surgir en el futuro".[4]

La noción [errónea] del yo se atenúa aún más al examinar los factores de la existencia, no analíticamente, sino en términos de su estructura relacional. La inspección revela que los agregados existen únicamente en función de las condiciones. Nada en el conjunto goza de la absoluta autosuficiencia como para ser atribuido al supuesto yo.

Cualesquiera que sean los factores del complejo cuerpo–mente que se examinen, se encuentra que surgen de manera dependiente, atados a la vasta red de acontecimientos que se extienden más allá de ellos mismos tanto temporal como espacialmente.

El cuerpo, por ejemplo, ha surgido a través de la unión del espermatozoide y el óvulo y subsiste en dependencia de la comida, el agua y el aire. La sensación, la percepción y las formaciones mentales ocurren dependiendo del cuerpo con sus facultades sensoriales. Requieren un objeto, la conciencia correspondiente, y el contacto del objeto con la conciencia, por medio de las facultades sensoriales. La conciencia, a su vez, depende del organismo sensible y de todo el conjunto de factores mentales surgidos.

Además, todo este proceso de devenir ha surgido de las vidas anteriores en esta cadena particular de existencias y ha heredado todo el *kamma* acumulado de las existencias previas.

Así, nada posee un modo de ser autosuficiente. Todos los fenómenos condicionados existen en forma relacional, como entidades contingentes y dependientes de otras cosas.

Los dos pasos anteriores, el análisis factorial y el discernimiento de las relaciones, ayudan a cortar la adhesión intelectual a la idea del yo, pero carecen del poder suficiente para destruir el arraigado apego al ego sustentado por una percepción errónea.

Para desarraigar esta forma sutil de aferramiento al ego se requiere una percepción contraria: una visión directa de la naturaleza vacía y carente de esencia de los fenómenos. Tal percepción se genera al contemplar los factores de la existencia en términos de sus tres marcas universales: la transitoriedad (*aniccatā*), la insatisfacción (*dukkhatā*) y la ausencia de un yo (*anattatā*).

En general, la primera de las tres marcas que hay que discernir es la transitoriedad, que en el nivel de la percepción no significa simplemente que todo llegue a su fin. A este nivel significa algo más profundo y penetrante, es decir, que los fenómenos condicionados están en constante proceso, como sucesos que aparecen, se desintegran y perecen casi tan pronto como surgen.

Los objetos aparentemente estables que percibimos con los sentidos se revelan como cadenas de formaciones momentáneas (*saṅkhārā*). La persona postulada por el sentido común se disuelve en una corriente compuesta por dos corrientes entrelazadas: una corriente de eventos materiales, el agregado de la forma material; y una corriente de eventos mentales, los otros cuatro agregados.

Cuando se ve la transitoriedad, la comprensión de las otras dos marcas le sigue de manera inmediata.

Puesto que los agregados están en constante desintegración, no podemos depositar nuestras esperanzas en ellos para obtener una satisfacción duradera. Cualquiera que sea la expectativa que depositemos en ellos, estará destinada a ser frustrada por su inevitable cambio. Por lo tanto, cuando se ven con sabiduría introspectiva, son *dukkha*, sufrimiento, en el sentido más profundo.

Entonces, como los agregados son transitorios e insatisfactorios, no pueden ser tomados como propios. Si fueran el yo, o pertenencias de un yo, seríamos capaces de controlarlos y someterlos a nuestra voluntad, haciéndolos fuentes eternas de felicidad. Pero lejos de poder ejercer tal dominio, encontramos que son motivos de dolor y decepción.

Puesto que no pueden ser sometidos al control, estos mismos factores de nuestro ser son *anattā*: no constituyen un yo, no son propiedad de un yo, sino meros fenómenos vacíos, sin dueño, que ocurren en dependencia de condiciones.

Cuando se entra en el curso de la práctica del discernimiento introspectivo, los ocho factores del camino se cargan con una intensidad previamente desconocida. Se fortalecen y se fusionan en la unidad de un solo camino cohesivo que se dirige hacia la meta.

En la práctica de la introspección coexisten los ocho factores y los tres entrenamientos; cada uno está presente apoyando a todos los demás; cada uno hace su propia contribución única al trabajo.

Los factores de la disciplina moral mantienen a raya las tendencias a la transgresión con tal cuidado que ni siquiera surge el pensamiento de una conducta poco ética.

Los factores del grupo de concentración mantienen la mente firmemente fija en la corriente de los fenómenos, contemplando lo que surja con impecable precisión, libre de descuido y distracciones.

La comprensión correcta, como la sabiduría introspectiva, se vuelve cada vez más aguda y profunda; la intención correcta se manifiesta en un desapego y determinación, que aporta un aplomo imperturbable a todo el proceso de contemplación.

La meditación introspectiva toma como su esfera objetiva las "formaciones condicionadas" (*saṅkhārā*) comprendidas en los cinco agregados. Su tarea consiste en descubrir sus características esenciales: las tres marcas de transitoriedad, insatisfacción y ausencia de un yo.

Debido a que todavía se ocupa del mundo de los eventos condicionados, el Óctuple Sendero en la etapa de introspección se denomina "la vía mundana" (*lokiyamagga*).

Esta designación no implica en absoluto que el camino de la introspección se refiera a metas mundanas, con logros que caigan en el rango de *saṃsāra*. Por el contrario, aspira a la trascendencia y conduce a la liberación, aunque su dominio objetivo de contemplación todavía se encuentre dentro del mundo condicionado.

Sin embargo, esta contemplación mundana de lo condicionado funciona como vehículo para alcanzar lo incondicionado, es decir, lo supramundano.

Cuando la meditación introspectiva alcanza su clímax, cuando comprende plenamente la transitoriedad, la insatisfacción y la ausencia de un yo con respecto a todo lo formado, la mente rompe con lo condicionado y realiza lo incondicionado: *Nibbāna*. Ve *Nibbāna* con visión directa, lo convierte en un objeto de realización inmediata.

El avance hacia lo incondicionado se logra mediante un tipo de conciencia o evento mental llamado "la vía supramundana" (*lokuttaramagga*). La vía supramundana ocurre en cuatro etapas, cuatro vías, cada uno de las cuales marca un nivel más profundo de realización y otorga un grado más completo de liberación, siendo el cuarto y último el de liberación total.

Los cuatro caminos pueden alcanzarse muy cerca unos de otros, para aquellos con facultades extraordinariamente agudas incluso en la misma sesión, o (como es más típico) pueden prolongarse a lo largo del tiempo, incluso a lo largo de varias vidas.[5]

Las vías supramundanas comparten en común la penetración de las Cuatro Nobles Verdades. Las comprenden, no conceptualmente, sino intuitivamente. Las captan a través de la visión [directa], viéndolas con certeza auto validada como las verdades invariables de la existencia. La visión de las verdades se revela en un instante.

Las Cuatro Nobles Verdades no se comprenden secuencialmente, como en la etapa de reflexión cuando el pensamiento es el instrumento de la comprensión. Se perciben simultáneamente: ver una verdad mediante la vía es verlas todas.

A medida que el sendero penetra las cuatro verdades, la mente ejerce cuatro funciones simultáneas, cada una con respecto a una verdad. Comprende plenamente la verdad del sufrimiento, viendo toda existencia condicionada como impregnada con la marca de insatisfacción. Al mismo tiempo, abandona el deseo, atraviesa la masa de egoísmo y deseo que repetidamente engendra sufrimiento. Una vez más, la mente realiza el cese [del sufrimiento], el elemento inmortal *Nibbāna*, ahora directamente presente ante el ojo interno. Y en cuarto lugar, la mente desarrolla el Noble Óctuple Sendero, cuyos ocho factores emergen dotados de un tremendo poder, alcanzando una estatura supramundana:

- La comprensión correcta como la visión directa de *Nibbāna*.
- La intención correcta como la aplicación de la mente a *Nibbāna*.
- La tríada de factores éticos como el freno a la transgresión moral.
- El esfuerzo correcto como la energía que impulsa la conciencia de la vía.
- La atención plena correcta como el factor de la conciencia.
- La concentración correcta como el enfoque único de la mente.

Esta capacidad de la mente para realizar cuatro funciones al mismo tiempo se compara con la capacidad de una vela para quemar simultáneamente la mecha, consumir la cera, disipar la oscuridad y dar luz.[6]

Las vías supramundanas tienen la tarea especial de erradicar las impurezas. Antes de alcanzar las vías, en las etapas de concentración e incluso de meditación introspectiva, las impurezas no se cortaban, sino que sólo se debilitaban, se controlaban y se suprimían mediante el entrenamiento de las facultades mentales superiores. Bajo la superficie seguían persistiendo en forma de tendencias latentes. Pero cuando se alcanzan las vías supramundanas, comienza el trabajo de erradicación.

En la medida en que nos atan a la ronda del devenir, las impurezas se clasifican en un conjunto de diez "encadenamientos" (*saṃyojana*) de la siguiente manera: (1) noción [errónea] de la personalidad, (2) duda, (3) aferrarse a reglas y rituales, (4) deseo sensorial, (5) aversión, (6) deseo de existencia material fina, (7) deseo de existencia inmaterial, (8) presunción, (9) inquietud y (10) ignorancia. Cada una de las cuatro vías supramundanas elimina una determinada capa de impurezas.

La primera, el camino de entrada a la corriente (*sotāpattimagga*), corta los tres primeros encadenamientos, los más burdos del conjunto, y los elimina para que nunca puedan surgir de nuevo.

La noción de la personalidad (*sakkāyadiṭṭhi*), es decir, la creencia en un yo verdaderamente existente en los cinco agregados, se corta, ya que uno ve la naturaleza impersonal de todos los fenómenos.

La duda se elimina porque se ha captado la verdad proclamada por el Buda, se ha visto por sí mismo, y por lo tanto nunca más puede quedar atrapado en la incertidumbre.

Y el aferrarse a las reglas y ritos se elimina, ya que se comprende que la liberación solo se puede obtener a través de la práctica del

Óctuple Sendero, no a través de un moralismo rígido ni por la observancia de ceremonias.

La vía es seguida inmediatamente por otro estado de conciencia supramundano conocido como "el fruto" (*phala*), que resulta del trabajo del sendero al cortar las impurezas. Cada vía es seguida por su propio fruto, en el que por unos momentos la mente disfruta de la dichosa paz de *Nibbāna* antes de descender de nuevo al nivel de la conciencia mundana.

El primer fruto es el "fruto de la entrada en la corriente", y una persona que ha pasado por la experiencia de este fruto se convierte en "el que ha entrado en la corriente" (*sotāpanna*). Ha entrado en la corriente del Dhamma llevándolo a la liberación final. Está destinado a la liberación y ya no puede volver a caer en los caminos de un ser mundano no iluminado.

Todavía quedan ciertas impurezas en su estructura mental, y puede que le lleve hasta siete vidas más llegar a la meta final, pero ha adquirido la realización fundamental necesaria para alcanzarla, y no hay posibilidad de que se aparte.

Un practicante entusiasta con facultades agudas, después de llegar a la entrada en la corriente, no afloja su esfuerzo, sino que redobla su energía para completar todo el camino tan rápidamente como sea posible.

Reanuda su práctica de contemplación introspectiva, pasa a través de las etapas progresivas del conocimiento introspectivo y, con el tiempo, alcanza la segunda vía: la "vía del que regresa solo una vez" (*sakadāgāmi-magga*). Esta vía supramundana no erradica ninguno de los encadenamientos, pero atenúa las raíces del deseo, la aversión y la ignorancia. Siguiendo la vía, el meditador experimenta su fruto, luego emerge como alguien "que regresa solo una vez", quien volverá a este mundo a lo sumo una vez más antes de alcanzar la liberación completa.

Pero nuestro practicante retoma la tarea de la contemplación. En la siguiente etapa de realización supramundana, alcanza la tercera vía, "la vía del que no regresa" (*anāgāmimagga*), con la cual corta las dos cadenas del deseo sensorial y la malevolencia.

A partir de ese momento, nunca más podrá caer en las garras de ningún deseo de placer sensorial, y nunca podrá ser dominado por la ira, la aversión o el descontento. Como uno que no retorna, no regresará al estado humano de existencia en ninguna vida futura.

Si no alcanza la última vía en esta misma vida, entonces después de la muerte renacerá en una esfera superior en el mundo de la forma sutil (*rūpaloka*) y allí alcanzará la liberación.

Pero nuestro meditador nuevamente se esfuerza, desarrolla introspección, y en su clímax entra en la cuarta vía, la del "estado de *arahant*" (*arahattamagga*). Con esta vía corta los cinco encadenamientos remanentes: el deseo de una existencia material sutil y el deseo de una existencia inmaterial, la presunción, la inquietud y la ignorancia.

El primero es el deseo de renacer en los planos celestiales que se hacen accesibles por los cuatro *jhānas*, comúnmente subsumidos bajo el nombre de "el mundo de Brahma".

El segundo es el deseo de renacer en los cuatro planos inmateriales que se hacen accesibles mediante el logro de los cuatro logros inmateriales.

La presunción (*māna*) no es el tipo burdo de orgullo al que nos predisponemos a través de una sobreestimación de nuestras virtudes y talentos, sino el sutil residuo de la noción de un ego que subsiste incluso después de que se han erradicado las nociones conceptualmente explícitas de uno mismo. Los textos se refieren a este tipo de presunción como la presunción del "yo soy" (*asmimāna*).

La inquietud (*uddhacca*) es la excitación sutil que persiste en cualquier mente que aún no esté completamente iluminada, y la ignorancia (*avijjā*) es el oscurecimiento cognitivo fundamental que impide la plena comprensión de las Cuatro Nobles Verdades.

Aunque los grados más burdos de ignorancia han sido borrados de la mente por la facultad de sabiduría en las tres primeras vías, un fino velo de ignorancia aún cubre las verdades incluso en el no retornante.

La vía del estado de *arahant* quita este último velo de ignorancia y, con él, todas las impurezas mentales residuales. Este camino emana de la perfecta comprensión de las Cuatro Nobles Verdades.

- Comprende plenamente la verdad del sufrimiento.
- Erradica el deseo del que brota el sufrimiento.
- Realiza con completa claridad el elemento incondicionado, *Nibbāna*, como el cese del sufrimiento.
- Consuma el desarrollo de los ocho factores del Noble Óctuple Sendero.

Con el logro de la cuarta vía y su fruto, el discípulo emerge como un *arahant*, alguien que en esta misma vida ha sido liberado de todos los encadenamientos. El *arahant* ha recorrido el Noble Óctuple Sendero hasta su fin y vive en la seguridad que tan a menudo se afirma en la fórmula del canon pāli:

"Destruido está el nacimiento; la vida santa ha sido vivida; lo que había que hacer, se ha hecho; no hay retorno a ningún estado del ser".

El *arahant* ya no es un practicante del camino, sino su encarnación viviente. Habiendo desarrollado los ocho factores de la vía hacia su consumación, el Liberado vive en el disfrute de sus frutos, la iluminación y la liberación final.

Epílogo

Esto completa nuestro estudio del Noble Óctuple Sendero, la vía hacia la liberación respecto al sufrimiento enseñada por el Buda. Los tramos más elevados del sendero pueden parecer alejados de nosotros en nuestra posición actual, las exigencias de la práctica pueden parecer difíciles de cumplir. Pero, incluso si las alturas de la realización parecen ahora distantes, todo lo que necesitamos para alcanzarlas se encuentra justo debajo de nuestros pies. Los ocho factores de la vía están siempre a nuestro alcance; son componentes mentales que pueden desarrollarse en la propia mente simplemente a través de la determinación y el esfuerzo.

Tenemos que empezar por enderezar nuestros puntos de vista y clarificar nuestras intenciones. Entonces tenemos que purificar nuestra conducta, nuestro lenguaje, nuestra acción y nuestro modo de sustento. Tomando estas medidas como nuestra base, tenemos que aplicarnos con energía y atención plena al cultivo de la concentración y el conocimiento introspectivo. El resto es cuestión de práctica y progreso gradual, sin esperar resultados rápidos. Para algunos el progreso puede ser rápido, para otros puede ser lento, pero la velocidad a la que se manifiesta el progreso no debe causar júbilo ni desaliento.

La liberación es el fruto inevitable de la vía y está destinada a florecer cuando hay una práctica constante y persistente. Los únicos requisitos para llegar a la meta final son dos: comenzar y continuar. Si se cumplen estos requisitos, no hay duda de que el objetivo se alcanzará. Este es el *Dhamma*, la ley que no se desvía.

Notas

Capítulo I

1. La ignorancia es en realidad idéntica en naturaleza a la raíz malsana "ofuscación" (*moha*). Cuando el Buda habla en un contexto psicológico acerca de los factores mentales, generalmente usa la palabra "ofuscación"; cuando habla de la base causal del *saṃsāra*, usa la palabra "ignorancia" (*avijjā*). *Nota del traductor*: con respecto a la raíz malsana *lobha*, las traducciones más comunes para el término son deseo o avidez; el término codicia se usa preferentemente para traducir el vocablo pāli *abhijjā*.
2. SN 56:11; Word of the Buddha, p. 26.
3. Ibid.

Capítulo II

1. *Adhisīlasikkhā, adhicittasikkhā, adhipaññāsikkhā.*
2. AN 3:33; *Word of the Buddha*, p. 19.
3. MN 117; *Word of the Buddha*, p. 36.
4. AN 6:63; *Word of the Buddha*, p. 19.
5. MN 9; *Word of the Buddha*, p. 29.
6. Ver: DN 2, MN 27, etc. Para obtener más información, consulte Vism. XIII, 72–101.
7. DN 22; *Word of the Buddha*, p. 29.
8. DN 22, SN 56:11; *Word of the Buddha*, p. 3.
9. Ibid. *Word of the Buddha*, p. 16.
10. Ibid. *Word of the Buddha*, p. 22

Capítulo III

1. *Nekkhammasaṅkappa, abyāpāda saṅkappa, avihiṃsāsaṅkappa* [pensamiento de renuncia, pensamiento de no malevolencia, pensamiento de no crueldad].
2. *Kāmasaṅkappa, byāpādasaṅkappa, vihiṃsāsaṅkappa* [pensamiento de deseo sensorial, pensamiento de malevolencia, pensamiento de crueldad]. Aunque *kāma* generalmente significa deseo sensual, el contexto parece permitir una interpretación más amplia, como deseo sensorial en todas sus formas.

3. AN 1:16.2.
4. Estrictamente hablando, la lujuria o el deseo [intenso] (*rāga*) se vuelve inmoral solo cuando impulsan acciones que violan los principios básicos de la ética, como matar, robar, cometer adulterio, etc. Cuando permanece simplemente como un factor mental o se relaciona con acciones que no son inherentemente inmorales, por ejemplo, el disfrute de una buena comida, el deseo de reconocimiento, las relaciones sexuales que no lo son dañinas para los demás: no es inmoral, pero sigue siendo una forma de deseo que causa esclavitud respecto al sufrimiento.
5. Para una descripción completa de *dukkha* ligada al deseo sensual, véase MN 13.
6. Esto podría parecer contradecir lo que dijimos antes, que *mettā* está libre de autorreferencia. La contradicción es sólo aparente, sin embargo, porque al desarrollar *mettā* hacia uno mismo, uno se considera a sí mismo objetivamente, como una tercera persona. Además, el tipo de amor que se desarrolla no es egocéntrico, sino un deseo altruista, desapegado y dirigido hacia el propio bienestar.
7. Cualquier otra fórmula que se considere efectiva puede usarse en lugar de la fórmula que se da aquí. Para un tratamiento completo, consulte Ñāṇamoli Thera, *The Practice of Loving-Kindness (Mettā)*, Wheel No. 7.

Capítulo IV

1. AN 10:176; *Word of the Buddha*, p. 50.
2. MN 61.
3. AN 10:176; *Word of the Buddha*, p. 50.
4. Sub-comentario al Dīgha Nikāya.
5. AN 10:176; *Word of the Buddha*, pp. 50–51.
6. MN 21; *Word of the Buddha*, p. 51.
7. AN 10:176; *Word of the Buddha*, p. 51.
8. AN 10:176; *Word of the Buddha*, p. 53.
9. HRH Principe Vajirañāṇavarorasa, *The Five Precepts and the Five Ennoblers* (Bangkok, 1975), pp. 1–9.
10. AN 10:176; *Word of the Buddha*, p. 53.
11. *The Five Precepts and the Five Ennoblers* provee una lista más completa, pp. 10-13.
12. AN 10:176; *Word of the Buddha*, p. 53.
13. Lo dicho a continuación se resume de *The Five Precepts and the Five Ennoblers*, pp. 16–18.

14. Ver: AN 4:62; AN 5:41; AN 8:54.
15. *The Five Precepts and the Five Ennoblers*, pp. 45–7.

Capítulo V

1. *Papañcasūdanī* (Comentario al Majjhima Nikāya).
2. MN 70; *Word of the Buddha*, pp. 59–60.
3. AN 4:13; *Word of the Buddha*, p. 57.
4. *Kāmacchanda, byāpāda, thīnamiddha, uddhaccakukkucca, vicikicchā* [deseo sensorial, aversión, letargo y torpeza mental, agitación y preocupación, duda].
5. AN 4:14; *Word of the Buddha*, p. 57.
6. AN 4:13; *Word of the Buddha*, p. 58.
7. AN 4:14; *Word of the Buddha*, p. 58.
8. MN 20; *Word of the Buddha*, p. 58.
9. Para un tratamiento completo de los métodos para lidiar con los impedimentos individualmente, consulte el comentario al Satipaṭṭhāna Sutta (DN 22, MN 10). Una traducción de los pasajes relevantes, con extractos adicionales del Sub-comentario, se puede encontrar en Soma Thera, *The Way of Mindfulness*, pp. 116–26.
10. AN 4:13; *Word of the Buddha*, pp. 58–59.
11. AN 4:14; *Word of the Buddha*, p.59. Los términos pāli para los siete factores son: *satisambojjhaṅga, dhammavicayasambojjhaṅga, viriyasambojjhaṅga, pītisambojjhaṅga, passaddhisambojjhaṅga, samādhisambojjhaṅga, upekkhāsambojjhaṅga.*
12. AN 4:13; *Word of the Buddha*, p. 59.
13. AN 4:14; *Word of the Buddha*, p. 59.

Capítulo VI

1. *Dhammo sandiṭṭhiko akāliko ehipassiko opanayiko paccattaṁ veditabbo viññūhi* [el Dhamma es visible aquí y ahora, atemporal, invitando a la verificación, conducente a la liberación, para ser comprendido por los sabios]. (M. 7, etc.)
2. Comentario al Vism. Ver: Vism. XIV, n. 64.
3. A veces, la palabra *satipaṭṭhāna* se traduce como "fundamento de la atención plena", con énfasis en el lado objetivo, a veces como "aplicación de la atención plena", con énfasis en el lado subjetivo. Ambas explicaciones son permitidas por los textos y comentarios.
4. DN 22; *Word of the Buddha*, p. 61.

5. Ibid. *Word of the Buddha*, p. 61.
6. Para mayores detalles, ver: Vism. VIII, 145-244.
7. Ver: Soma Thera, *The Way of Mindfulness*, pp. 58-97.
8. *Asubha-bhāvanā*. El mismo sujeto es también llamado la percepción de lo repulsivo (*paṭikkūla saññā*) y atención plena al cuerpo (*kāyagatā sati*).
9. Para más detalles, ver: Vism. VIII, 42-144.
10. Para más detalles, ver: Vism. XI, 27-117.
11. Para obtener una descripción completa, ver: Soma Thera, *The Way of Mindfulness*, pp. 116-127.
12. Ibid., pp. 131-146.

Capítulo VII

1. En lo que sigue me limitaré a una breve reseña. Para una exposición completa, ver: Vism., Chapters III-XI.
2. Ver: Vism. IV, 88-109.
3. Algunas interpretaciones tales como "trance", "reflexión," etc., son del todo engañosas y deben ser descartadas.
4. DN 22; *Word of the Buddha*, pp. 80-81.
5. En pāli: *ākāsānañcāyatana, viññāṇañcāyatana, ākiñcaññāyatana, n'eva saññānāsaññāyatana.*

Capítulo VIII

1. *Anicce niccavipallāsa, dukkhe sukhavipallāsa, anattani attavipallāsa* [perversión de lo transitorio como permanente, perversión de lo que es sufrimiento como agradable, perversión de lo carente de yo (lo impersonal) como el yo (lo personal)]. AN 4:49.
2. En pāli: *rūpakkhandha, vedanākkhandha, saññākkhandha, sankhārakkhandha, viññāṇakkhandha.*
3. DN 22; *Word of the Buddha*, pp. 71-72.
4. DN 22; *Word of the Buddha*, p. 73.
5. En la primera edición de este libro afirmé aquí que las cuatro vías tienen que ser logradas secuencialmente, de tal manera que no hay logro de una vía superior sin antes haber alcanzado las vías por debajo de ella. Esta parece ser, ciertamente, la posición de los Comentarios. Sin embargo, los *suttas* a veces muestran individuos que proceden directamente desde la etapa de mundanidad hasta la tercera o incluso la cuarta vía y fruto. Aunque el comentarista

explica que pasaron a través de cada vía precedente y fructificaron en rápida sucesión, los textos canónicos mismos no dan ninguna indicación de que esto haya sucedido, pero sugieren una realización inmediata de las etapas superiores sin el logro intermedio de las etapas inferiores.

6. Ver: Vism. XXII, 92–103.

Apéndice

Un análisis factorial del Noble Óctuple Sendero (pāli–inglés)

I. Sammā diṭṭhi	**Comprensión correcta**
• dukkhe ñāṇa	• comprensión del sufrimiento
• dukkhasamudaye ñāṇa	• comprensión de su origen
• dukkhanirodhe ñaṇa	• comprensión de su cese
• dukkhanirodhagāmini-paṭipadāya ñāṇa	• comprensión de la vía que conduce a su cese
II. Sammā saṅkappa	**Intención correcta**
• nekkhamma-saṅkappa	• intención de renuncia
• abyāpāda-saṅkappa	• intención de benevolencia
• avihiṃsā-saṅkappa	• intención de no crueldad
III. Sammā vācā	**Lenguaje correcto**
• musāvādā veramaṇī	• abstención de lenguaje falso
• pisuṇāya vācāya veramaṇī	• abstención de lenguaje malicioso (calumnioso)
• pharusāya vācāya veramaṇī	• abstención de lenguaje rudo
• samphappalāpā veramaṇī	• abstención de lenguaje insulso
IV. Sammā kammanta	**Acción correcta**
• pāṇātipātā veramaṇī	• abstención de matar
• adinnādānā veramaṇī	• abstención de robar
• kāmesu micchācārā veramaṇī	• abstención de conducta sexual incorrecta

V. Sammā ājīva

· micchā ājīvaṃ pahāya sammā ājīvena jīvitaṃ kappeti

Medios de subsistencia correctos

· renunciando a los medios de subsistencia incorrectos, uno se gana la vida mediante medios de subsistencia correctos

VI. Sammā vāyāma

· saṃvarappadhāna

· pahānappadhāna

· bhāvanāppadhāna

· anurakkhaṇappadhāna

Esfuerzo correcto

· esfuerzo de restringir las impurezas

· esfuerzo de abandonar las impurezas

· esfuerzo por generar estados sanos

· esfuerzo por mantener y desarrollar estados sanos

VII. Sammā sati

· kāyānupassanā

· vedanānupassanā

· cittānupassanā

· dhammānupassanā

Atención plena correcta

· atención plena al cuerpo

· atención plena a las sensaciones

· atención plena a la mente

· atención plena a los fenómenos de la experiencia

VIII. Sammā samādhi

· paṭhamajjhāna

· dutiyajjhāna

· tatiyajjhāna

· catutthajjhāna

Concentración correcta

· el primer *jhāna*

· el segundo *jhāna*

· el tercer *jhāna*

· el cuarto *jhāna*

Lecturas recomendadas

(i) Tratamientos generales del Noble Óctuple Sendero
Ledi Sayadaw. *The Noble Eightfold Path and Its Factors Explained.*
(Wheel 245/247).
Nyanatiloka Thera. *The Word of the Buddha.* (BPS 14th ed., 1968).
Piyadassi Thera. *The Buddha's Ancient Path.* (BPS 3rd ed., 1979).

(ii) Comprensión correcta
Ñāṇamoli, Bhikkhu. *The Discourse on Right View.* (Wheel 377/379).
Nyanatiloka Thera. *Karma and Rebirth.* (Wheel 9).
Story, Francis. *The Four Noble Truths.* (Wheel 34/35).
Wijesekera, O.H. de A. *The Three Signata.* (Wheel 20).

(iii) Intención correcta
Ñāṇamoli Thera. *The Practice of Lovingkindness.* (Wheel 7).
Nyanaponika Thera. *The Four Sublime States.* (Wheel 6).
Prince, T. *Renunciation.* (Bodhi Leaf B 36).

(iv) Lenguaje correcto, acción correcta, y modo de subsistencia correcto
Bodhi, Bhikkhu. *Going for Refuge and Taking the Precepts.* Wheel 282/284).
Narada Thera. *Everyman's Ethics.* (Wheel 14).
Vajirañāṇavarorasa. *The Five Precepts and the Five Ennoblers.* (Bangkok: Mahāmakuṭa, 1975).

(v) Esfuerzo correcto
Nyanaponika Thera. *The Five Mental Hindrances and Their Conquest.* (Wheel 26).
Piyadassi Thera. *The Seven Factors of Enlightenment.* (Wheel 1).
Soma Thera. *The Removal of Distracting Thoughts.* (Wheel 21).

(vi) Atención plena correcta
Nyanaponika Thera. *The Heart of Buddhist Meditation.* (London: Rider, 1962; BPS, 1992).

Nyanaponika Thera. *The Power of Mindfulness.* (Wheel 121/122).
Nyanasatta Thera. *The Foundations of Mindfulness (Satipaṭṭhāna Sutta).* (Wheel 19).
Soma Thera. *The Way of Mindfulness.* (BPS, 3rd ed., 1967).

(vii) Concentración correcta y el desarrollo de la sabiduría
Buddhaghosa, Bhadantacariya. *The Path of Purification (Visuddhimagga).* Translated by Bhikkhu Ñāṇamoli, 4th ed. (BPS, 1979).
Khantipālo, Bhikkhu. *Calm and Insight.* (London: Curzon, 1980).
Ledi Sayadaw. *A Manual of Insight.* (Wheel 31/32).
Nyanatiloka Thera. *The Buddha's Path to Deliverance.* (BPS, 1982).
Solé-Leris, Amadeo. *Tranquillity and Insight.* (London: Rider, 1986; BPS 1992).
Vajirañāṇa, Paravahera. *Buddhist Meditation in Theory and Practice.* 2nd ed. (Kuala Lumpur, Malaysia: Buddhist Missionary Society, 1975).

Todos los libros de la BPS, las publicaciones de *The Wheel* y *Bodhi Leaves* a los que se hace referencia anteriormente son publicados por la BPS (Sociedad de Publicaciones Budistas), y están disponibles en Pariyatti (*pariyatti.org* o *store.pariyatti.org*).

SOBRE PARIYATTI

Pariyatti se dedica a proporcionar un acceso asequible a las auténticas enseñanzas del Buda sobre la teoría del Dhamma (*pariyatti*) y la práctica (*paṭipatti*) de la meditación Vipassana. A 501(c)(3) organización benéfica sin ánimo de lucro desde 2002. Pariyatti se sostiene gracias a las contribuciones de personas que aprecian y quieren compartir el incalculable valor de las de las enseñanzas del Dhamma. Te invitamos a visitar www.pariyatti.org para conocer nuestros programas, servicios y formas de apoyar las publicaciones y otros proyectos.

Editoriales de Pariyatti

Vipassana Research Publications (centradas en la práctica de Vipassana tal y como la enseñó S.N. Goenka en la tradición de Sayagyi U Ba Khin)

BPS Pariyatti Editions (títulos seleccionados de la Buddhist Publication Society, coeditados por Pariyatti)

MPA Pariyatti Editions (títulos seleccionados de la Myanmar Pitaka Association, coeditados por Pariyatti)

Pariyatti Digital Editions (títulos de audio y vídeo, incluidos los discursos)

Pariyatti Press (títulos clásicos reimpresos y escritos inspiradores de autores contemporáneos)

Pariyatti enriquece el mundo mediante:
- Difusión de las palabras del Buda
- Aportando sustento para el viaje del buscador
- Iluminando el sendero del meditador.

www.ingramcontent.com/pod-product-compliance
Lightning Source LLC
Chambersburg PA
CBHW031553040426
42452CB00006B/289